LES CONTINENTS

ASIE

MALCOLM PORTER et KEITH LYE

HURTUBISE HMH

HURTUBISE HMH

www.hurtubisehmh.com

Texte : Keith Lye
Illustrations : Malcolm Porter et Raymond Turvey
Maquette : AS Publishing
Mise en page : Geai Bleu Graphique
Traduction : Catherine Broué

Titre original de cet ouvrage : *Asia*

Édition originale publiée en Grande-Bretagne
par Cherrytree Books
327 High Street
Slaugh Berkshire SL1 1TX

Dépôt légal : B.N. Québec 4e trimestre 2001
B.N. Canada 4e trimestre 2001

Éditions Hurtubise HMH ltée
1815, avenue De Lorimier
Montréal (Québec) Canada
H2K 3W6
Téléphone: (514) 523-1523
Télécopieur: (514) 523-9969

Données de catalogage avant publication (Canada)
Porter, Malcolm
Asie
(Collection Les Continents)
Traduction de : Asia.
Comprend un index.
Pour les jeunes de 9 ans et plus.
ISBN 2-89428-510-8
1. Asie – Ouvrages pour la jeunesse. I. Lye, Keith. II. Titre.
III. Collection.

DS5.P6714 2001 j950 C2001-940728-9

Les Éditions Hurtubise HMH bénéficient du soutien financier des institutions suivantes pour leurs activités d'édition :
— Gouvernement du Canada par l'entreprise du Programme d'aide au développement de l'industrie de l'édition (PADIÉ);
— Programme de crédit d'impôt pour l'édition de livres du gouvernement du québec

Imprimé à Hong Kong

LES CONTINENTS

L'ASIE

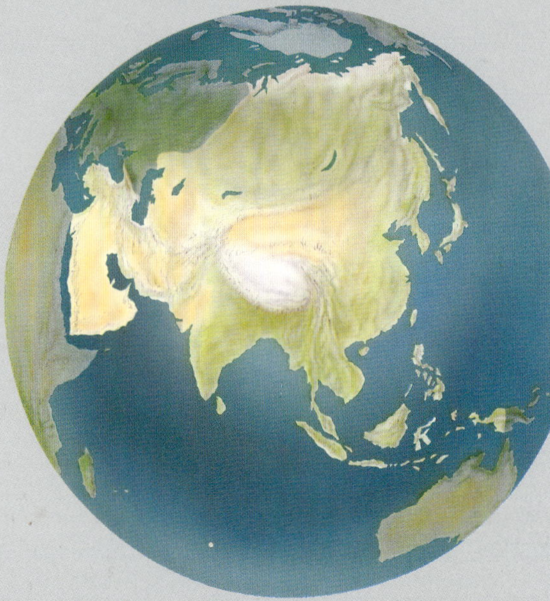

Le présent atlas illustré combine cartes, photographies, illustrations, drapeaux, figures et tableaux pour donner à la fois une image d'ensemble de la région et des renseignements plus détaillés sur chacun des pays qui la constituent.

PRÉSENTATION DE CHAQUE PAYS

Chaque double page comprend les éléments suivants :

Introduction – Présentation des faits les plus importants sur le pays ou la région.

Cartes de situation – Situation du pays dans le continent et dans le monde.

Drapeaux – Illustration du drapeau de chaque pays.

Renseignements – Pour chaque pays sont indiqués la superficie, le nombre d'habitants, le nom de la capitale et, le cas échéant, la monnaie utilisée, la religion, les langues officielles, les principales villes et le type de gouvernement.

Illustrations – Des images accompagnées d'une légende caractérisent chaque pays. Topographie, personnalités, habitants, animaux, plantes, lieux, produits, donnent un aperçu du pays étudié.

Cartes – Une carte claire et précise situe chaque pays. Pour tirer le meilleur parti de chaque carte, il est préférable de connaître les symboles énumérés dans le tableau de la page en regard.

Végétation – Les différents coloris indiquent les régions boisées, désertiques ou polaires.

Altitude – Le relief est indiqué par des zones ombrées. Chaque sommet est marqué d'un triangle.

Orientation – Toutes les cartes sont orientées de manière à ce que le nord figure en haut de la page.

Échelle – Toutes les cartes sont dessinées à l'échelle pour permettre l'évaluation des distances.

0 200 milles
0 200 kilomètres

POUR COMPRENDRE LES CARTES

INDE	Nom du pays
Cachemire	Région
	Frontière
■	Plus d'un million d'habitants
•	Plus de 500 000 habitants
•	Moins de 500 000 habitants
□	Capitale du pays
HINDU KUSH	Chaîne de montagnes
▲ *Everest 8 848 m*	Sommet et altitude
∴ *Petra*	Site archéologique

Mékong	Fleuve ou rivière
	Canal
	Lac
	Barrage
	Île

	Forêt
	Culture
	Prairie sèche
	Désert
	Toundra
	Zone polaire

** Dans de nombreuses grandes villes, comme à Izmir, la population métropolitaine est plus nombreuse que ne l'indiquent les chiffres fournis pour la ville. Un point plus gros signale de tels cas.*

GROS PLAN SUR LES CONTINENTS

Peuples et croyances – Carte de densité des populations; représentation graphique du pourcentage de la population par pays; carte des régions par pays; carte des religions.

Climat et végétation – Carte de végétation de la forêt au désert; carte de l'utilisation du sol; carte des températures hivernales et estivales; carte des précipitations annuelles.

Écologie et environnement – Carte des dommages écologiques causés à la mer et à la terre; encadré sur les dommages écologiques, les catastrophes naturelles et les espèces menacées; carte des catastrophes naturelles.

Économie – Carte des produits agricoles et industriels; carte et encadré sur le produit national brut de chaque pays; carte des sources d'énergie.

Politique et histoire – Carte des grands empires asiatiques; encadré et ligne temporelle sur les principaux événements; carte des principaux événements.

Index – Tous les noms figurant sur les cartes et les illustrations sont répertoriés dans un index situé à la fin du présent volume.

TABLE DES MATIÈRES

ASIE 4

Gros plan sur les pays

RUSSIE ET CAUCASE **6**

ASIE MINEURE **8**

PÉNINSULE ARABIQUE **10**

IRAQ, IRAN ET KOWEÏT **12**

ASIE CENTRALE **14**

AFGHANISTAN ET PAKISTAN **16**

SOUS-CONTINENT INDIEN **18**

CHINE, MONGOLIE ET TAÏWAN **20**

PÉNINSULE CORÉENNE **22**

JAPON **24**

BANGLADESH, MYANMAR ET THAÏLANDE **26**

CAMBODGE, LAOS ET VIÊT NAM **28**

MALAISIE, SINGAPOUR ET BRUNEI **30**

INDONÉSIE **32**

PHILIPPINES **34**

Gros plan sur les continents

PEUPLES ET CROYANCES **36**

CLIMAT ET VÉGÉTATION **38**

ÉCOLOGIE ET ENVIRONNEMENT **40**

ÉCONOMIE **42**

POLITIQUE ET HISTOIRE **44**

INDEX **46**

Panda géant, voir page 20.

ASIE

L'Asie, le plus vaste des continents, couvre les trois dixièmes de la surface émergée du globe. Elle rassemble près des trois cinquièmes de la population mondiale, ce qui en fait le continent le plus populeux. Ce continent, possède d'immenses déserts inhabités, ainsi que plusieurs des montagnes les plus hautes et des rivières les plus longues de la planète.

L'Asie partage sa frontière occidentale avec l'Europe. Cette longue frontière, en grande partie terrestre, suit du nord au sud les montagnes de l'Oural en Russie, longe le fleuve Oural jusqu'à la mer Caspienne, puis traverse la chaîne du Caucase jusqu'à la mer Noire. Près des trois quarts de la Russie se trouvent en Asie, tandis que le reste appartient au continent européen. Quatre autres pays asiatiques ont une fraction de leur territoire en Europe.

L'écriture **cunéiforme** est l'une des plus anciennes formes d'écriture. Ses signes en forme de clous étaient en usage il y a environ 5 000 ans chez l'ancien peuple des Sumériens, fondateurs d'une importante civilisation dans la région du Tigre et de l'Euphrate, qui constitue aujourd'hui l'Iraq.

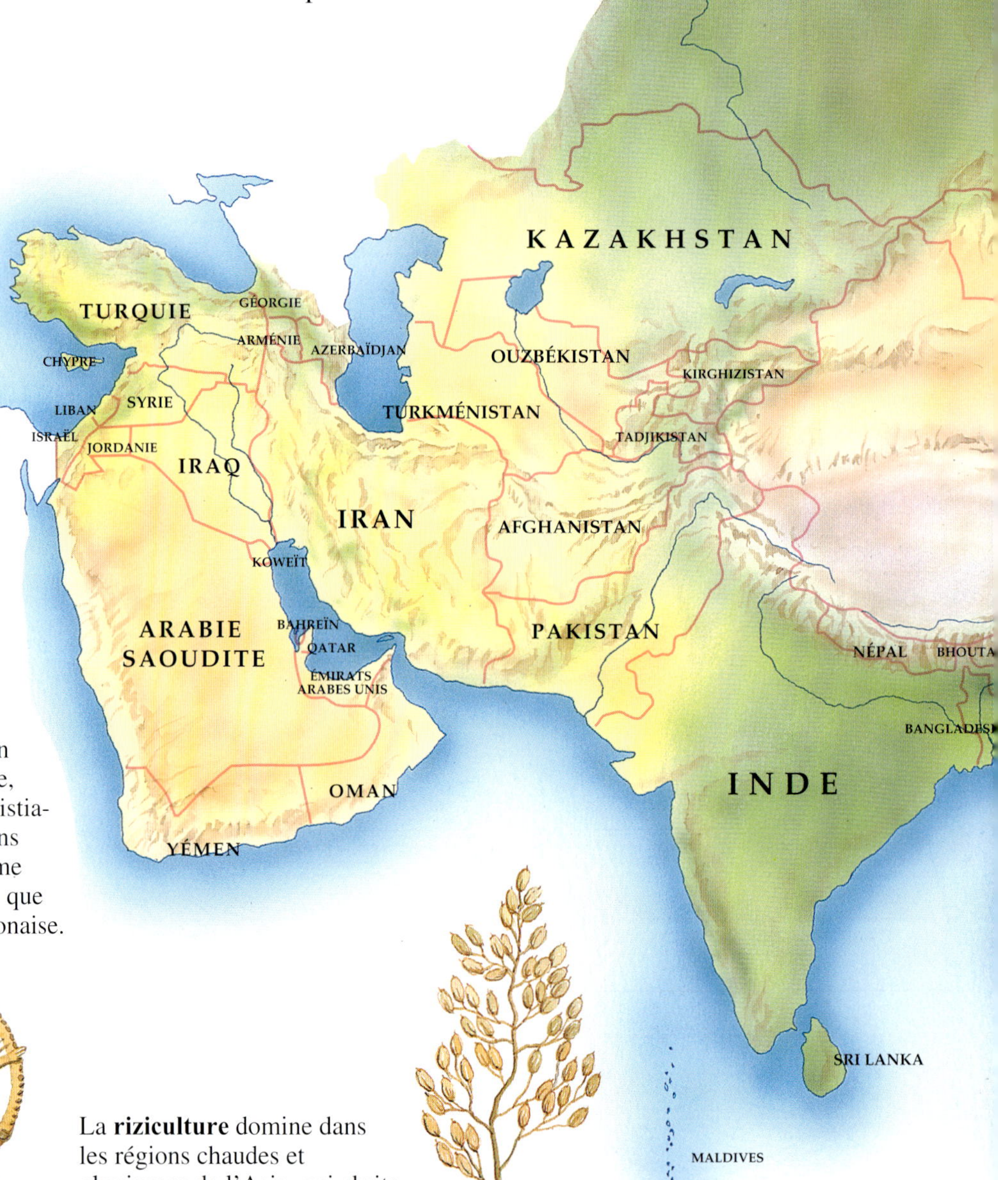

L'Asie est le lieu d'origine des huit principales **religions** du monde. L'hindouisme est une ancienne religion de l'Inde, de même que le bouddhisme, né il y a 2 500 ans. Le judaïsme, le christianisme et l'islam se sont développés dans le sud-ouest de l'Asie. Le confucianisme et le taoïsme viennent de Chine, tandis que le shinto est une religion d'origine japonaise.

La **riziculture** domine dans les régions chaudes et pluvieuses de l'Asie, qui abrite les huit principaux producteurs de riz du monde, à savoir, par ordre d'importance, la Chine, l'Inde, l'Indonésie, le Bangladesh, le Viêt Nam, la Thaïlande, le Myanmar (ancienne Birmanie) et le Japon.

ASIE
Superficie : 44 709 500 km²
Population : 3 527 349 000
Nombre de pays indépendants : 48
(y compris la Russie, l'Azerbaïdjan, la Géorgie, le Kazakhstan et la Turquie, dont la plus grande partie se trouve en Asie.)

Les **tigres** vivent surtout dans le sud et le sud-est de l'Asie, mais la chasse et la destruction de leurs habitats en ont fait une espèce menacée. Ils tombent également victimes des braconniers, car dans certaines régions de l'Asie, on se sert de leur peau, de leurs os et d'autres parties de leur corps pour fabriquer des potions.

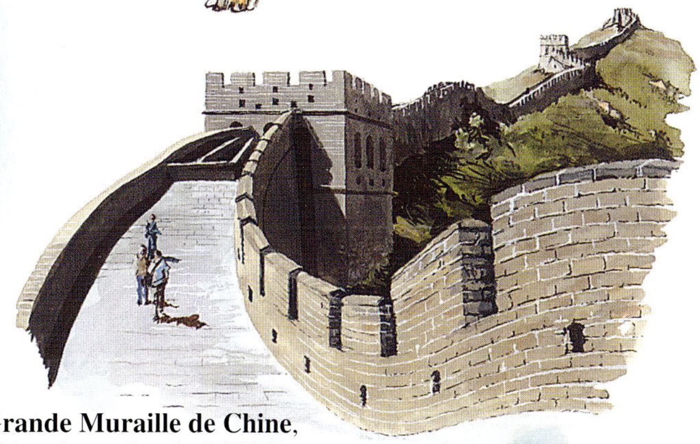

La **Grande Muraille de Chine**, qui s'étend sur plus de 5 000 km, est la structure la plus longue. Sa construction a probablement commencé au Ve siècle avant J.-C. et s'est poursuivie jusqu'au XVIIe siècle après J.-C. Le mur visait à protéger la Chine des envahisseurs venus du nord.

La **pauvreté** affecte tout le continent asiatique, dont la plupart des pays dépendent de l'agriculture. Quelques-uns d'entre eux doivent toutefois leur prospérité à l'industrie de la fabrication et au commerce. Les tours Petronas, à Kuala Lumpur, en Malaisie, reflètent la croissance économique de l'Asie du Sud-Est.

RUSSIE ET CAUCASE

La Russie est le plus vaste pays du monde. Près des trois quarts de son territoire se trouvent en Asie, à l'est des monts Oural et de la mer Caspienne, tandis que le reste se situe en Europe. Depuis 1922, la Russie constituait le noyau de l'URSS communiste (Union des Républiques socialistes soviétiques), également appelée Union soviétique. En 1991, le démembrement de l'Union Soviétique a donné naissance à 15 pays.

Trois de ces pays, soit l'Arménie, l'Azerbaïdjan et la Géorgie, qui bordent le sud-ouest de la Russie, forment la Transcaucasie, du nom des hautes montagnes du Caucase situées au nord de cette région.

Des **mammouths de Sibérie** peuplaient la part asiatique de la Russie durant la période glaciai On en a retrouvé des spécimens parfaitement conservés dans le pergélisol de la Sibérie.

La Russie est un grand producteur de **pétrole et de gaz naturel**, deux ressources naturelles abondantes dans ce pays. L'Azerbaïdjan possède aussi d'importants gisements pétrolifères dans la mer Caspienne. La Russie dispose de la plupart des minéraux dont elle a besoin : bauxite, cuivre, diamants, minerai de fer, nickel et phosphates (entrant dans la fabrication de fertilisants).

RUSSIE

Superficie : 17 075 400 km², dont environ 75 % en Asie
Point culminant : Mont Elbrous dans les montagnes du Caucase, 5 642 m
Population : 147 307 000 (dont environ 20 % vit dans la partie asiatique de la Russie)
Capitale : Moscou (8 400 000 hab.)
Villes principales (en Russie asiatique) :
Novossibirsk (1 418 000 hab.)
Yekaterinburg (1 347 000 hab.)
Omsk (1 161 000 hab.)
Tcheliabinsk (1 125 000 hab.)
Krasnoïarsk (914 000 hab.)
Irkutsk (632 000 hab.)
Langue officielle : Russe
Religion : Chrétienne (orthodoxe russe : 16 %), islamique : 10 %
Gouvernement : République
Monnaie : Rouble

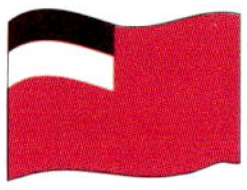

GÉORGIE

Superficie : 69 700 km², dont 21 % en Europe
Point culminant : Mont Shkhara, 5 201 m
Population : 5 427 000
Capitale : Tbilissi (1 253 000 hab.)
Langue officielle : Géorgien
Religion : Chrétienne : 46 %, islamique : 11 %
Gouvernement : République
Monnaie : Lari

ARMÉNIE

Superficie : 29 800 km²
Point culminant : Mont Aragats, 4 090 m
Population : 3 787 000
Capitale : Erevan (1 283 000 hab.)
Langue officielle : Arménien
Religion : Chrétienne (arménienne apostolique : 65 %, autres :13 %
Gouvernement : République
Monnaie : Dram

AZERBAÏDJAN

Superficie : 86 600 km², dont 17 % en Europe
Point culminant : Bazardüzü Dag, 4 466 m
Population : 7 600 000
Capitale : Bakou (2 500 000 hab.)
Langue officielle : Azerbaïdjanais
Religion : Islamique : 93 %
Gouvernement : République
Monnaie : Manat

Joseph Staline (1879-1953), natif de Géorgie, a joué un rôle déterminant lors de la Révolution russe de 1917 qui a fait de la Russie un pays communiste. De 1929 jusqu'à sa mort, il a régné en dictateur sur toute l'Union soviétique.

Le **Transsibérien** est une voie ferrée qui relie Moscou, en Russie européenne, à Vladivostok, sur la côte du Pacifique. Il traverse la Sibérie méridionale sur une distance de près de 9 300 km. Le voyage dure 6 jours, 12 heures et 45 minutes.

Des **volcans** parsèment la presqu'île du Kamchatka, une vaste région du nord-est de la Russie d'une superficie à peu près égale à celle du Japon. Le Kamchatka fait partie du « cercle de feu » du Pacifique, une zone circumpacifique secouée par de fréquents séismes et des éruptions volcaniques.

Asie Mineure

Six pays asiatiques occupent l'extrémité orientale de la mer Méditerranée. Le plus grand est la Turquie, dont une fraction est située en Europe. C'est un pays généralement montagneux au climat doux et humide. L'île de Chypre et le Liban jouissent d'un climat ensoleillé, tandis qu'une bonne partie du territoire d'Israël, de la Jordanie et de la Syrie est couverte de déserts chauds.

La formation de l'État juif d'Israël dans l'ancienne région de la Palestine remonte à 1948, mais ce pays a dû lutter contre les États arabes voisins en 1948-1949, 1956, 1967 et 1973. En 1967, ce pays a conquis de grandes portions de territoire en Égypte, en Jordanie et en Syrie.

TURQUIE

Superficie : 774 815 km^2, dont 97 % en Asie
Point culminant : Mont Ararat, 5 185 m
Population : 63 745 000
Capitale : Ankara (2 838 000 hab.)
Langue officielle : Turc
Religion : Islamique
Gouvernement : République
Monnaie : Livre turque

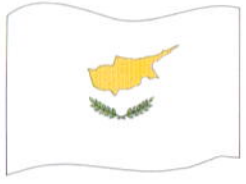

CHYPRE

Superficie : 9 251 km^2
Point culminant : Mont Olympus, 1 952 m
Population : 747 000
Capitale : Nicosie (177 000 hab.)
Langues officielles : Grec, turc
Religion : Chrétienne, islamique
Gouvernement : République
Monnaie : Livre chypriote

SYRIE

Superficie : 185 180 km^2
Point culminant : Mont Hermon, 2 814 m
Population : 14 895 000
Capitale : Damas (1 550 000 hab.)
Langue officielle : Arabe
Religion : Islamique : 86 %
Gouvernement : République
Monnaie : Livre syrienne

LIBAN

Superficie : 10 400 km^2
Point culminant : Qurnat al-Sawda, 3 083 m
Population : 4 416 000
Capitale : Beyrouth (1 100 000 hab.)
Langue officielle : Turc
Religion : Islamique : 55 %, chrétienne : 37 %
Gouvernement : République
Monnaie : Livre libanaise

Des **tremblements de terre** se produisent dans le nord de la Turquie, le long d'immenses failles de la croûte terrestre. En 1999, au moins 13 000 personnes ont perdu la vie lors d'un séisme qui a frappé la région d'Izmit, dans le nord-ouest de la Turquie.

ISRAËL

Superficie : 21 056 km^2
Point culminant : Mont Meron, 1 208 m
Population : 5 836 000
Capitale : Jérusalem (602 000 hab.)
Langues officielles : Hébreu, arabe
Religion : Judaïque : 80 %, islamique : 15 %
Gouvernement : République
Monnaie : Nouveau shekel

JORDANIE

Superficie : 97 740 km^2
Point culminant : Djebel Ram, 1 754 m
Population : 4 437 000
Capitale : Amman (963 000 hab.)
Langue officielle : Arabe
Religion : Islamique : 96,5 %, chrétienne : 3,5 %
Gouvernement : Monarchie
Monnaie : Dinar jordanien

Jérusalem est une ville sainte pour les chréti les juifs et les musulmans. L'État d'Israël contrôle l'ouest de la ville depuis 1949 et en a fait la capitale du pays en 1950. L'est de Jérusalem appartenait au Liban avant que les forces israéliennes ne s'en emparent lors de la guerre israélo-arabe de 1967. Ici, des juifs pratiquants prient devant le mur des Lamentations, endroit sacré du judaïsme.

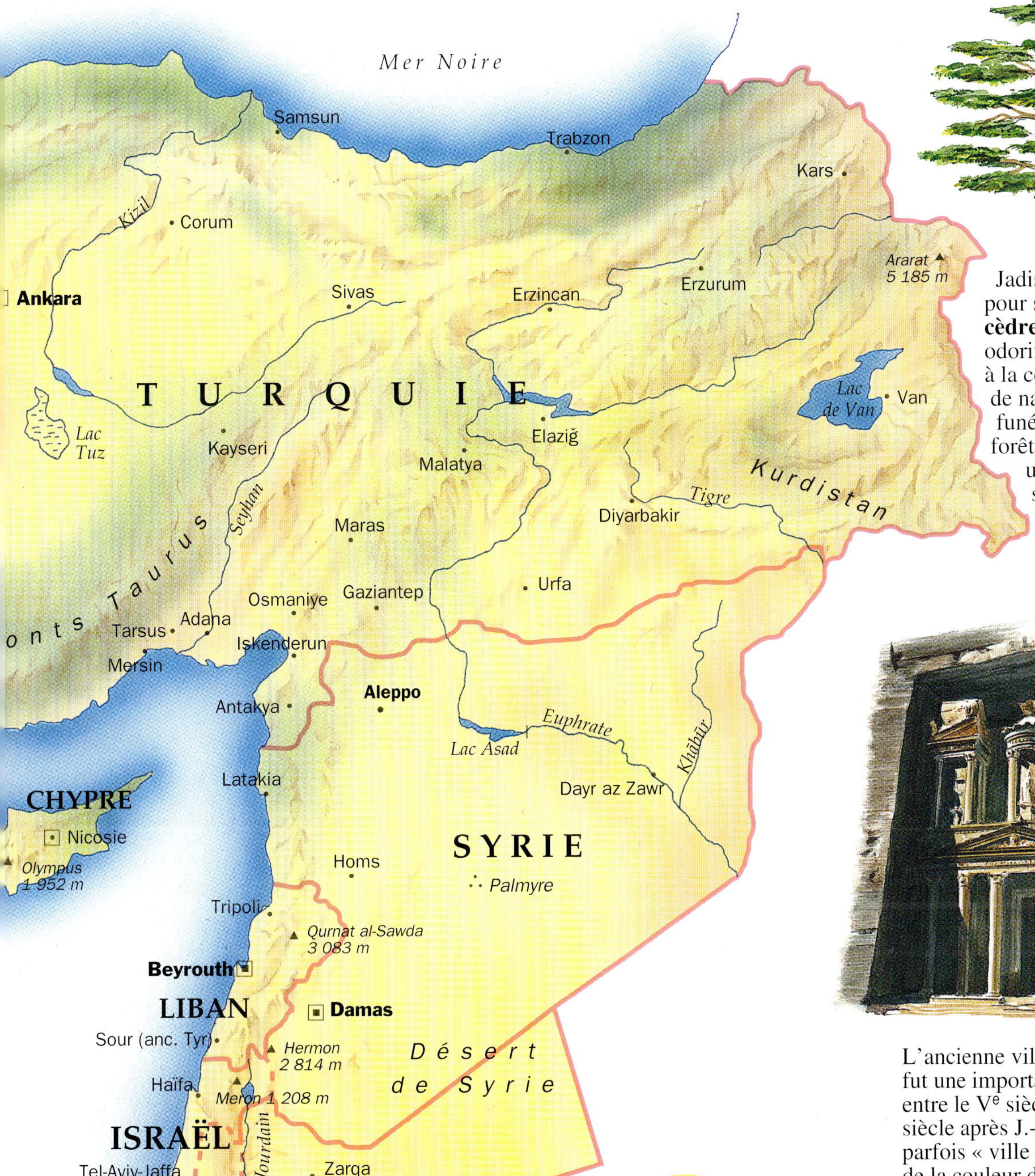
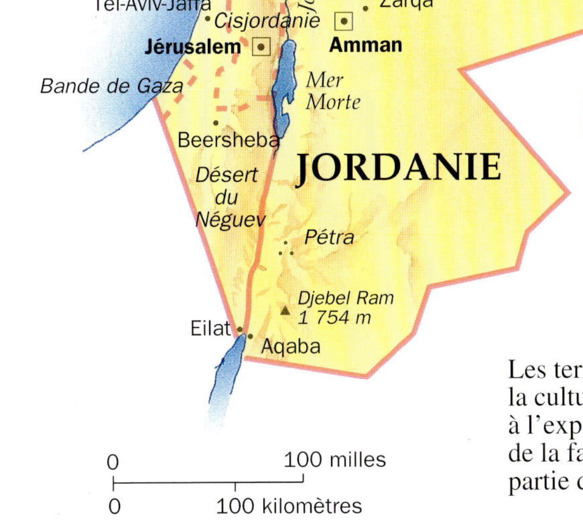

Jadis, le Liban était réputé pour ses magnifiques forêts de **cèdres du Liban**, dont le bois odoriférant très prisé servait à la construction de palais, de navires et de monuments funéraires. La plupart de ces forêts ont été coupées, mais un petit groupe d'arbres survivent encore dans les montagnes du nord du pays.

L'ancienne ville de **Pétra**, en Jordanie, fut une importante cité commerçante entre le Ve siècle avant J.-C. et le IIIe siècle après J.-C. On la surnomme parfois « ville rouge », en raison de la couleur des falaises qui l'environnent et de la pierre dont elle est construite. L'Asie mineure regorge de sites historiques impressionnants.

Les terres irriguées d'Israël permettent la culture de **fruits et de légumes** destinés à l'exportation. Mais c'est de l'industrie de la fabrication que provient la majeure partie des produits exportés.

Péninsule Arabique

La péninsule Arabique est l'espace compris entre la mer Rouge et le golfe Arabo-Persique (ou Golfe). La région comprend majoritairement des déserts chauds et peu peuplés. L'agriculture n'est guère possible qu'autour des oasis où se trouvent des réserves d'eau souterraines. Cependant, le Bahreïn, l'Oman, le Qatar, l'Arabie saoudite et les Émirats arabes unis disposent de riches gisements de pétrole. Le Yémen est le pays le plus pauvre de la péninsule.

La Mecque, en Arabie saoudite, est le lieu de naissance du prophète Mahomet (v. 570-632 avant J.-C.), fondateur de la religion islamique. Chaque année, cette ville reçoit plus d'un million de pèlerins appelés hadj, qui proviennent de partout dans le monde.

ARABIE SAOUDITE

Superficie : 2 149 690 km^2
Point culminant : 3 139 m
Population : 20 066 000
Capitale : Riyad (1 800 000 hab.)
Langue officielle : Arabe
Religion : Islamique : 97 %, chrétienne : 3 %
Gouvernement : Monarchie
Monnaie : Riyal saoudien

YÉMEN

Superficie : 527 968 km^2
Point culminant : Hadur Shuayb, 3 760 m
Population : 16 072 000
Capitale : Sanaa (972 000 hab.)
Langue officielle : Arabe
Religion : Islamique
Gouvernement : République
Monnaie : Rial yéménite

OMAN

Superficie : 212 457 km^2
Point culminant : Djebel Ash Sham, 3 035 m
Population : 2 256 000
Capitale : Mascate (52 000 hab.)
Langue officielle : Arabe
Religion : Islamique : 88 %, hindouiste : 7 %
Gouvernement : Monarchie
Monnaie : Rial omanais

ÉMIRATS ARABES UNIS

Superficie : 83 600 km^2
Point culminant : Djebel Yibir, 1 527 m
Population : 2 580 00
Capitale : Abu Dhabi (363 000 hab.)
Langue officielle : Arabe
Religion : Islamique : 96 %
Gouvernement : Fédération des sept émirats
Monnaie : Dirham des ÉAU

L'oryx d'Arabie avait presque disparu de la péninsule Arabique avant que quelques-unes de ces antilopes ne soient envoyées au jardin zoologique de Phœnix, en Arizona. Là, on en a élevé un troupeau, dont on a relâché quelques bêtes en Jordanie, en Oman et en Arabie saoudite.

Les **femmes musulmanes** portent souvent le tchador, un grand voile recouvrant la tête et tombant jusqu'aux chevilles. Certaines d'entre elles s'habillent à l'occidentale dans quelques pays musulmans. Ci-contre, cette femme porte un simple foulard appelé *hijab*.

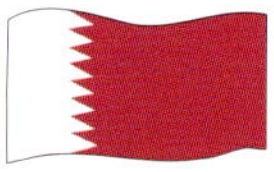

QATAR

Superficie : 11 000 km^2
Population : 721 000
Capitale : Doha (339 000 hab.)
Langue officielle : Arabe
Religion : Islamique
Gouvernement : Monarchie
Monnaie : Riyal du Qatar

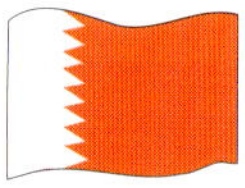

BAHREÏN

Superficie : 694 km^2
Population : 620 000
Capitale : Manama (140 000 hab.)
Langue officielle : Arabe
Religion : Islamique
Gouvernement : Monarchie
Monnaie : Dinar de Bahreïn

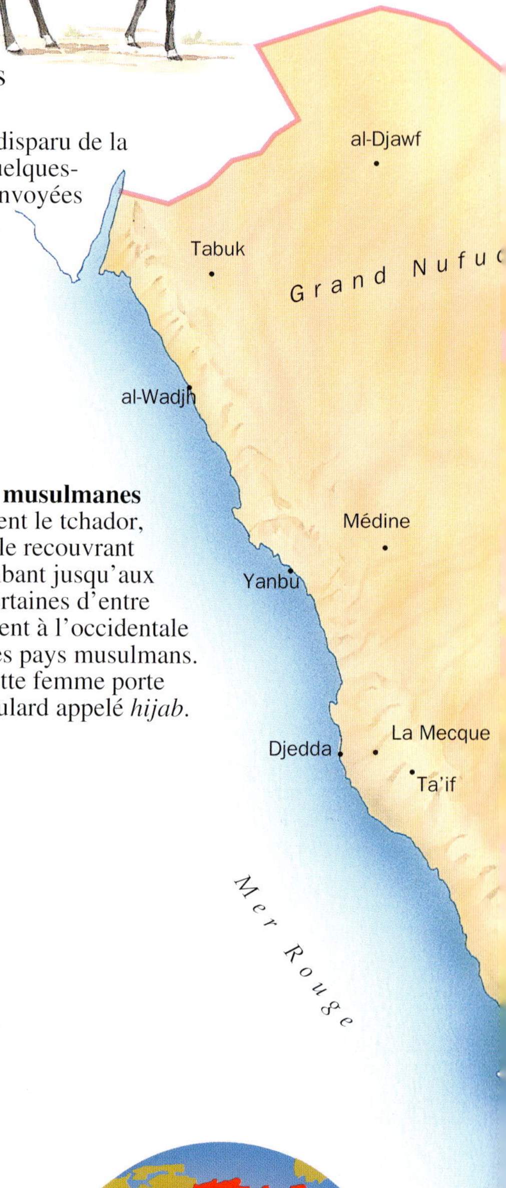

L'aride désert du **Rub'al-Khali** occupe principalement le sud de l'Arabie saoudite et s'étend jusqu'au Yémen. Il est aussi appelé « Quartier vide », car on y trouve la plus grande étendue de sable de la planète. Il est presque totalement dépourvu de végétation, et les quelques plantes existantes ne poussent qu'autour des oasis.

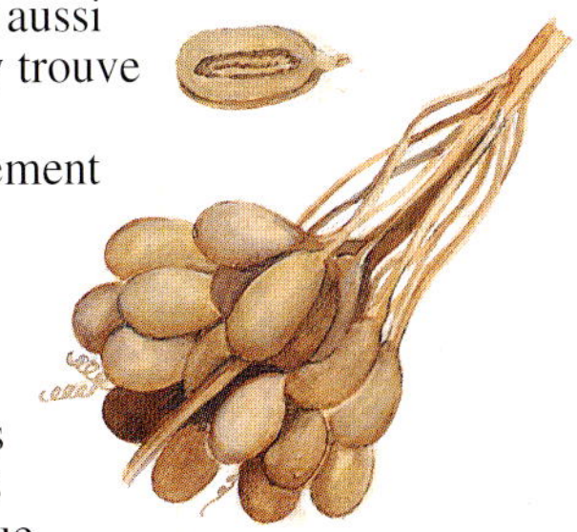

Les **dattes** sont les fruits nutritifs du palmier-dattier, l'arbre le plus abondant de la péninsule Arabique. Le tronc de cet arbre est utilisé dans la construction, et les feuilles servent à la fabrication de paniers et de nattes. Depuis plus de 5 000 ans, les dattes constituent un aliment important dans le sud-ouest asiatique.

Les **chameaux** peuvent franchir de longues distances sans avoir à s'abreuver. On les surnomme « vaisseaux du désert », en raison du fait qu'ils servaient traditionnellement au déplacement des hommes et des marchandises dans les régions désertiques.

Les **pétroliers** assurent le transport du pétrole partout dans le monde, depuis le Golfe. L'Arabie saoudite domine le marché de la production et de l'exportation du pétrole et possède les gisements connus les plus importants du monde. Les revenus provenant de la vente du pétrole ont servi à implanter différentes industries et plusieurs programmes sociaux dans la péninsule Arabique.

Iraq, Iran et Koweït

L'Iraq comprend de vastes déserts et une région fertile appelée Mésopotamie, qui signifie « terre entre les fleuves ». Les fleuves dont il s'agit sont le Tigre et l'Euphrate, qui prennent leur source en Turquie et traversent l'Iraq. La Mésopotamie a été le berceau de la plus ancienne des civilisations que l'on connaisse, celle des Sumériens. D'autres civilisations lui ont succédé, dont celles d'Assyrie et de Babylone. L'Iran (anciennement, la Perse) possède aussi de nombreux sites historiques grandioses, notamment l'ancienne cité de Persépolis, qui fut détruite par Alexandre le Grand.

Ces pays musulmans riches en pétrole s'affrontent depuis 1980. Une guerre a opposé l'Iran et l'Iraq entre 1980 et 1988. Puis, en 1990, l'Iraq a envahi le Koweït, lequel a été libéré en 1991 grâce aux forces alliées dirigées par les États-Unis, soutenus par la Grande-Bretagne, l'Égypte, la France, l'Arabie saoudite et la Syrie.

IRAQ

Superficie : 483 317 km²
Point culminant : 3 609 m, dans les monts Zagros
Population : 21 847 000
Capitale et ville principale : Bagdad (4 478 000 hab.)
Villes principales : Mossoul (664 000 hab.) Arbil (486 000 hab.)
Langue officielle : Arabe
Religion : Islamique : 97 %, chrétienne : 3 %
Gouvernement : République
Monnaie : Dinar irakien

IRAN

Superficie : 1 633 188 km²
Point culminant : Mont Demavend, 5 604 m
Population : 60 929 000
Capitale et ville principale : Téhéran (6 750 000 hab.)
Villes principales : Mechhed (1 964 000 hab.) Ispahan (1 220 000 hab.) Tabriz (1 166 000 hab.)
Langue officielle : Farsi (persan)
Religion : Islamique : 99 %
Gouvernement : République islamique
Monnaie : Rial iranien

KOWEÏT

Superficie : 17 818 km²
Population : 1 809 000
Capitale : Koweït (29 000 hab.)
Langue officielle : Arabe
Religion : Islamique : 95 %
Gouvernement : Monarchie
Monnaie : Dinar koweïtien

Les **Kurdes** vivent dans les régions montagneuses d'Arménie, d'Iran, d'Iraq, de la Syrie et de la Turquie. Nombre d'entre eux voudraient créer un État autonome. Dans les années 1980 et 1990, l'est de la Turquie et le nord de l'Iraq ont été le théâtre d'affrontements opposant les nationalistes kurdes aux forces gouvernementales.

Our est une cité de l'ancienne région de Sumer et, selon la Bible, fut la patrie d'Abraham. Les Sumériens construisaient des ziggourats, édifices de forme pyramidale portant un temple à leur sommet.

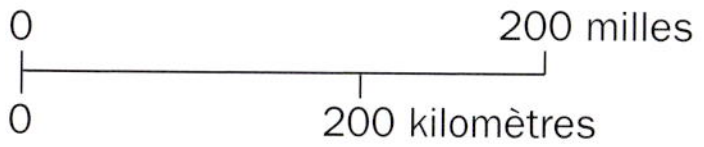

La beauté des **tapis persans** est connue dans le monde entier. En Iran, l'artisanat occupe une place de choix. On y fabrique de la verrerie, du cuir, de la poterie et des articles en métal comme des plateaux et des services à thé.

Téhéran, capitale de l'Iran, est située au pied des monts Elbourz. Cette ville industrielle achalandée possède des universités et des musées où sont exposés des trésors des premières civilisations de la région. Ici, le monument Shayhad.

L'**ayatollah Khomeyni** (v.1900-1989), instigateur de la révolution islamique en 1979, renversa le chah (roi) d'Iran et instaura une république islamique. Aujourd'hui, les lois du pays suivent scrupuleusement les préceptes de l'islam.

La présence de **chars d'assaut** est chose courante dans le sud-ouest de l'Asie. Les guerres qui ont marqué les soixante dernières années ont forcé les gouvernements à investir de fortes sommes en matériel militaire et en armes. Le service militaire est obligatoire en Iran et en Iraq.

Le **Koweït**, situé au fond du golfe Persique, doit sa prospérité à ses riches gisements de pétrole. L'invasion du Koweït par l'Iraq en 1990 et la guerre du Golfe en 1991 ont provoqué une pollution à grande échelle et gravement endommagé les gisements pétrolifères et les régions industrielles du pays.

Asie Centrale

Les cinq pays qui composent l'Asie centrale faisaient autrefois partie de l'Union soviétique. Ils sont devenus indépendants en 1991, à la suite du démembrement de l'Union soviétique. Le Kazakhstan est le neuvième pays du monde en termes de superficie. Son territoire se trouve en grande partie en Asie, mais une petite région à l'ouest appartient à l'Europe.

L'Asie centrale comprend des montagnes, des déserts, d'immenses lacs et de vastes plaines herbeuses appelées steppes. Les tentatives d'exploitation des terres ont engendré des désastres écologiques.

KAZAKHSTAN

Superficie : 2 717 000 km^2, dont 4 % en Europe
Point culminant : Mont Teneri, 6 398 m
Population : 15 801 000
Capitale : Astana (anciennement Tselinograd, puis Akmola)
Langue officielle : Kazakh
Religion : Islamique : 47 %, chrétienne : 10 %
Gouvernement : République
Monnaie : Tenge

OUZBÉKISTAN

Superficie : 447 000 km^2
Point culminant : 4 643 m, dans le sud-est
Population : 23 667 000
Capitale : Tachkent (2 107 000 hab.)
Langue officielle : Ouzbek
Religion : Islamique : 88 %
Gouvernement : République
Monnaie : Soum

TURKMÉNISTAN

Superficie : 488 100 km^2
Point culminant : Kugitangtau, 3 137 m
Population : 4 658 000
Capitale : Achgabat (416 000 hab.)
Langue officielle : Turkmène
Religion : Islamique : 87 %
Gouvernement : République
Monnaie : Manat

TADJIKISTAN

Superficie : 145 100 km^2
Point culminant : Pic du Communisme, 7 495 m
Population : 6 017 000
Capitale : Douchanbe (582 000 hab.)
Langue officielle : Tadjik
Religion : Islamique : 85 %
Gouvernement : République
Monnaie : Rouble tadjik

Le **coton** est cultivé dans toute l'Asie centrale, où le secteur de l'agriculture domine. Depuis 1991, les gouvernements de ces anciens pays communistes s'efforcent de privatiser les terres et les industries.

KIRGHIZISTAN

Superficie : 198 500 km^2
Point culminant : Pic Pobedy, 7 439 m
Population : 4 635 000
Capitale : Bichkek (631 000 hab.)
Langue officielle : Kirghziz
Religion : Islamique : 70 %
Gouvernement : République
Monnaie : Som

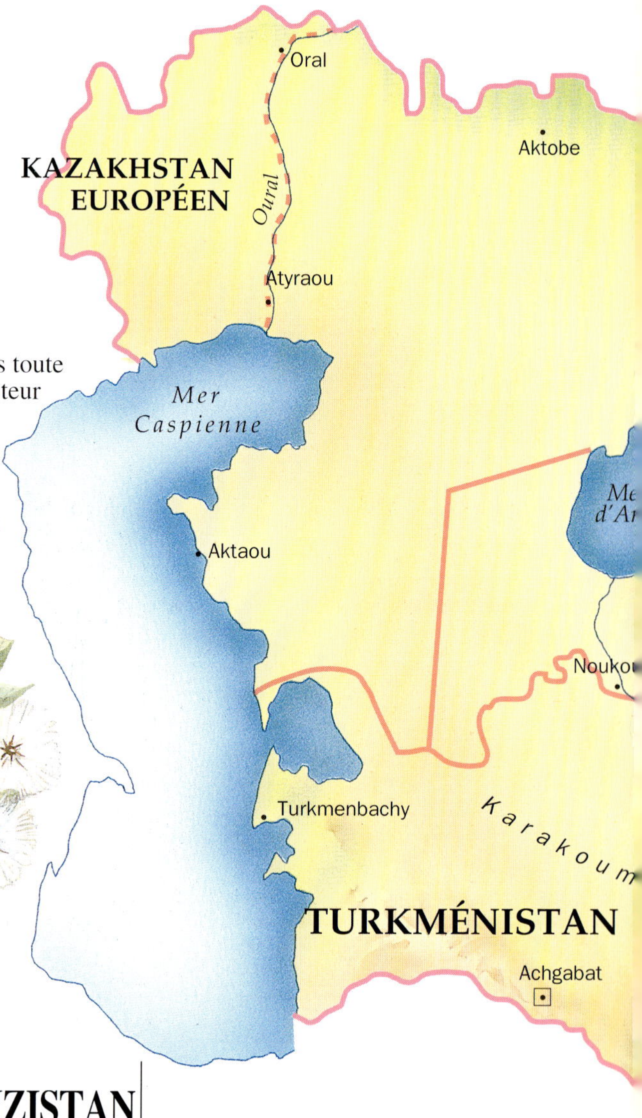

0 100 milles
0 100 kilomètres

La **mer d'Aral** est un lac salé situé à la frontière séparant l'Ouzbékistan du Kazakhstan. Son niveau d'eau a baissé de 75 pour 100 depuis 1960. L'essentiel de l'eau qui s'y déversait sert aujourd'hui à irriguer les champs de coton. Il s'en est suivi un effondrement de l'industrie locale de la pêche, causant l'abandon des bateaux.

Des **déserts** couvrent une grande partie du Turkménistan, de l'Ouzbékistan et du sud du Kazakhstan. De hautes plaines couvertes de prairies sèches, ou steppes, occupent le nord du Kazakhstan. Les éleveurs y surveillent à cheval leurs troupeaux de bovins et d'ovins.

Baïkonour, dans le Kazakhstan, était un centre spatial de l'ancienne Union soviétique. Depuis le démembrement de l'Union soviétique en 1991, la Russie verse une redevance au Kazakhstan pour occuper ce site. Le premier vol orbital habité a été lancé depuis Baïkonour, en 1961.

La ville de **Samarkand**, en Ouzbékistan, était jadis la capitale de l'empire mongol de l'émir Timur Lang (ou Tamerlan). Elle renferme de magnifiques mosquées et d'autres somptueux édifices, dont beaucoup sont décorés de mosaïques. L'islam est la principale religion en Asie centrale.

AFGHANISTAN ET PAKISTAN

L'Afghanistan est l'un des pays les plus pauvres de la planète. Des montagnes et de hautes terres occupent la majeure partie de ce territoire sans littoral. Depuis sa constitution en république en 1973, l'Afghanistan a connu des sécheresses, la famine et la guerre civile. À la fin du XXe siècle, les Talibans se sont emparés de la quasi-totalité du pays et y ont imposé la loi islamique.

Le Pakistan est un pays de hautes montagnes et de plaines fertiles que drainent l'Indus et ses affluents. Pays indépendant depuis 1947, date à laquelle il s'est affranchi de l'Inde britannique, ses relations avec l'Inde demeurent tendues, les deux pays revendiquant une région appelée Cachemire. La frontière qui sépare le Pakistan de l'Inde a été le théâtre de plusieurs affrontements.

AFGHANISTAN

Superficie : 652 090 km^2
Point culminant : Nochaq, dans le Hindu Kuch, 7 485 m
Population : 24 965 000
Capitale et ville principale : Kaboul (700 000 hab.)
Villes principales : Kandahar (225 000 hab.)
Harat (177 000 hab.)
Mazar-e Charif (130 000 hab.)
Djalalabad (55 000 hab.)
Langues officielles : Pachto, dari (persan)
Religion : Islamique
Gouvernement : Émirat islamique
Monnaie : Afghani

PAKISTAN

Superficie : 796 095 km^2
Point culminant : K2, 8 611 m
Population : 128 457 000
Capitale : Islamabad (204 000 hab.)
Villes principales : Karachi (5 208 000 hab.)
Lahore (2 953 000 hab.)
Hyderabad (1 151 000 hab.)
Gujranwala (1 125 000 hab.)
Faisalabad (1 104 000 hab.)
Rawalpindi (795 000 hab.)
Langue officielle : Ourdou
Religion : Islamique : 95 %, chrétienne : 2 %, hindouiste : 2 %
Gouvernement : Régime militaire
Monnaie : Roupie pakistanaise

Les **musulmans** prient cinq fois par jour, soit à l'aurore, à midi, dans l'après-midi, en fin d'après-midi, puis à la tombée de la nuit. Pour prier, ils font toujours face à la Mecque, lieu de naissance du prophète Mahomet. L'Afghanistan et le Pakistan sont deux états islamiques.

On cultive une variété de **fruits** en Afghanistan et au Pakistan. L'économie de ces deux pays dépend de l'agriculture. Le blé constitue leur principale culture vivrière, et beaucoup d'agriculteurs élèvent des chèvres et des moutons. L'industrie de la fabrication est en croissance au Pakistan.

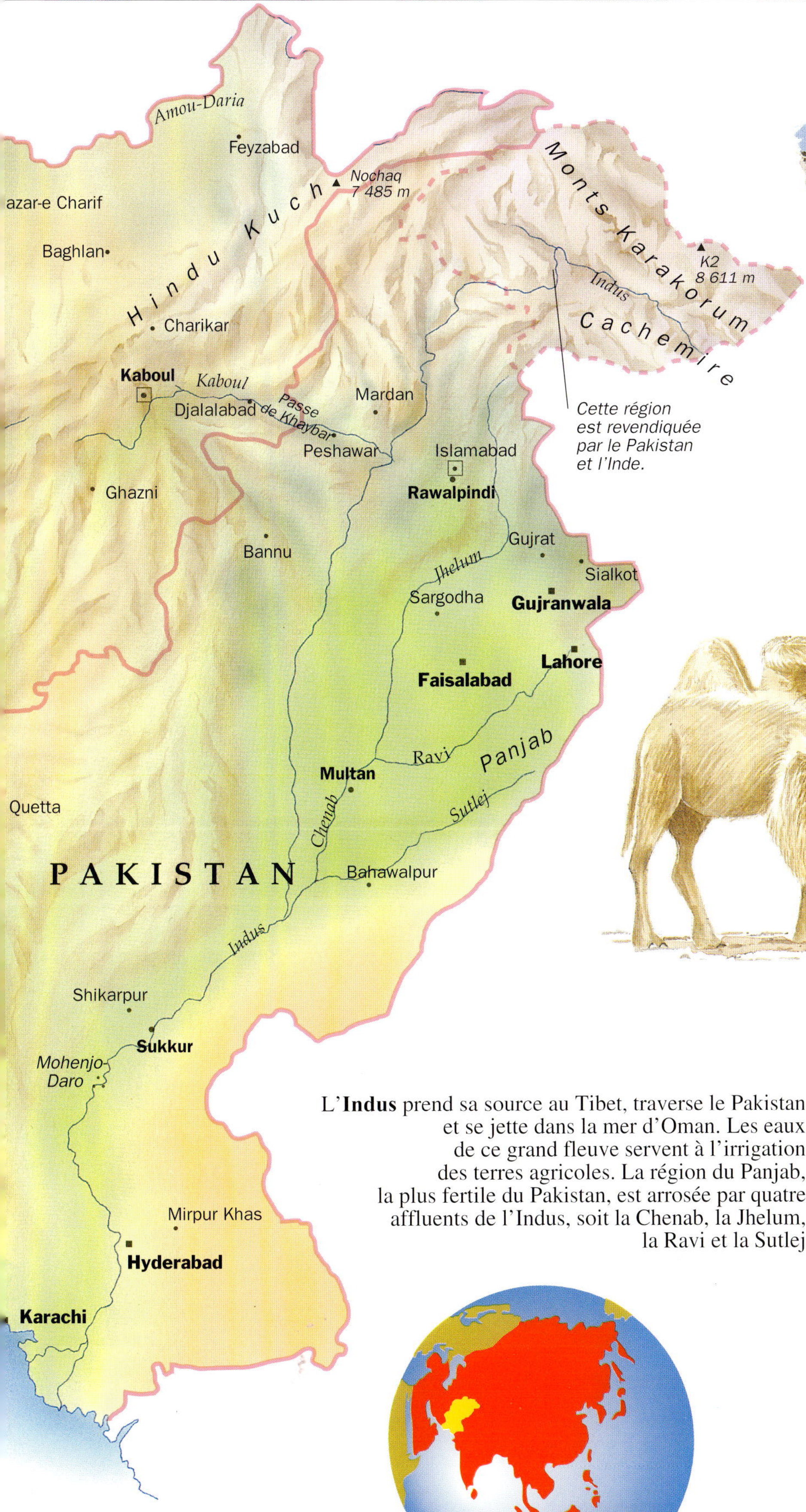

Le **Cachemire** est une région située à la frontière entre le Pakistan et l'Inde, qui se disputent sa possession. La frontière actuelle, qui constitue une ligne de cessez-le-feu, a été établie à la suite des violents combats ayant opposé le Pakistan et l'Inde en 1971.

Le **chameau de Bactriane** est un animal robuste à deux bosses, contrairement au chameau d'Arabie ou dromadaire, qui n'a qu'une bosse. Le chameau de Bactriane vit dans les régions froides de l'est et du centre de l'Asie.

L'**Indus** prend sa source au Tibet, traverse le Pakistan et se jette dans la mer d'Oman. Les eaux de ce grand fleuve servent à l'irrigation des terres agricoles. La région du Panjab, la plus fertile du Pakistan, est arrosée par quatre affluents de l'Indus, soit la Chenab, la Jhelum, la Ravi et la Sutlej.

Sous-Continent Indien

L'Inde est le septième pays du monde en termes de superficie et le deuxième après la Chine pour ce qui est du nombre d'habitants. Le nord de l'Inde est un ensemble montagneux d'où partent de longues rivières, dont le Gange, qui traversent des plaines fertiles avant d'atteindre le sud de ces montagnes. Le plateau Deccan occupe le sud de l'Inde. Ce pays s'est affranchi de la Grande-Bretagne en 1947.

Le sous-continent indien comprend également le Bhoutan et le Népal, deux pays montagneux de l'Himalaya, et le magnifique État insulaire qu'est le Sri Lanka (anciennement Ceylan), situé au large de l'extrémité méridionale de l'Inde. Les Maldives sont un État insulaire situé au sud-ouest de l'Inde méridionale.

INDE

Superficie : 3 287 590 km^2
Point culminant : Kanchenjunga, 8 598 m
Population : 962 378 000
Capitale : New Delhi (301 000 hab.)
Villes principales : Bombay (ou Mumbai, 9 926 000 hab.)
Delhi (7 207 000 hab.)
Calcutta (4 400 000 hab.)
Chennai (anciennement Madras, 3 841 000 hab.)
Langues officielles : Hindi, anglais
Religion : Hindouiste : 81 %, islamique : 12 %, chrétienne : 2 %, autres : 5 %
Gouvernement : République fédérale
Monnaie : Roupie indienne

SRI LANKA

Superficie : 65 610 km^2
Point culminant : Pidurutalagala, 2 524 m
Population : 18 552 000
Capitale : Colombo (615 000 hab.)
Langues officielles : Cinghalais, tamoul
Religion : Bouddhiste : 69 %, hindouiste : 15 %, islamique : 7 %, chrétienne : 8 %
Gouvernement : République
Monnaie : Roupie du Sri Lanka

MALDIVES

Superficie : 298 km^2
Point culminant : 24 m, sur l'île de Wilingili, à l'ouest de l'île de Malé
Population : 256 000
Capitale : Malé (63 000 hab.)
Langue officielle : Divehi
Religion : Islamique
Gouvernement : République
Monnaie : Rufiyaa (roupie des Maldives)

NÉPAL

Superficie : 147 181 km^2
Point culminant : Mont Everest, 8 848 m
Population : 22 321 000
Capitale : Katmandou (535 000 hab.)
Ville principale : Lalitapur (190 000 hab.)
Langue officielle : Népalais
Religion : Hindouiste : 86 %, bouddhiste : 8 %
Gouvernement : Monarchie
Monnaie : Roupie népalaise

BHOUTAN

Superficie : 47 000 km^2
Point culminant : Kula Kangri, 7 554 m
Population : 737 000
Capitale : Thimbu (30 000 hab.)
Langue officielle : Dzong-ka
Religion : Bouddhiste : 75 %, hindouiste : 25 %,
Gouvernement : Monarchie
Monnaie : Ngultrum

L'**Himalaya** est une chaîne de montagnes délimitant la frontière nord du sous-continent indien. Parmi ses sommets se trouve le mont Everest, point culminant du monde, à la frontière entre le Népal et la Chine. Le Bhoutan comprend aussi une partie des montagnes himalayennes.

Mohandas Gandhi (1869-1948) fut un grand chef politique et spirituel de l'Inde. Les gens lui accordent souvent le titre de Mahatma qui signifie « grande âme ». Il a aidé l'Inde à s'affranchir de la domination britannique en s'opposant au gouvernement par la non-violence active. Il a été assassiné en 1948.

Pour la plupart des Indiens, les **dieux hindous** représentent différents aspects du dieu suprême Brahman. Les temples et les maisons possèdent des statues comme celle-ci. Les croyances et les coutumes indiennes varient d'une région à une autre, et les pratiquants célèbrent de nombreuses fêtes.

Le **Taj Mahal**, l'un des édifices les plus somptueux et les plus célèbres du monde, est situé à Agra, dans le nord-ouest de l'Inde. Il a été construit entre 1630 et 1650 par l'empereur Chah Djahan, qui désirait en faire un mausolée pour son épouse bien-aimée Mumtaz Mahall.

L'Inde est le principal producteur de **thé** du monde, suivi par la Chine et le Sri Lanka. Le riz et le blé constituent toutefois les plus importantes cultures vivrières de l'Inde. Ce pays compte plus de bovins que tout autre pays, mais ses habitants ne mangent pas de viande. Ils considèrent ces bêtes comme des animaux sacrés.

Chine, Mongolie et Taïwan

La Chine est le troisième pays du monde en termes de superficie, après la Russie et le Canada, mais se classe premier par son nombre d'habitants. Ce vaste pays englobe Hongkong, ancien territoire britannique qui lui a été rétrocédé en 1997, et Macao, ancien territoire portugais rétrocédé en 1999. La Chine revendique également l'île de Taïwan, mais les Taïwanais ne veulent pas du gouvernement communiste chinois.

La Chine est devenue un pays communiste en 1949, mais, depuis 1970, le gouvernement cherche à privatiser les terres et encourage les compagnies étrangères à investir dans de nouvelles industries de l'est de la Chine.

Le **panda géant** est le symbole du Fonds mondial pour la nature. Cette espèce menacée ne se retrouve plus que dans quelques forêts de bambou sur des flancs de montagnes de l'ouest et du sud-ouest de la Chine. Le panda géant est protégé par la loi.

CHINE

Superficie : 9 562 074 km²
Point culminant : Mont Everest, 8 848 m
Population : 1 206 201 000
Capitale : Pékin (6 560 000 hab.)
Villes principales : Shanghai (8 760 000 hab.)
Tianjin (4 970 000 hab.)
Shenyang (3 860 000 hab.)
Wuhan (3 860 000 hab.)
Langue officielle : Mandarin
Religion : Religions chinoises locales : 20 %, bouddhisme : 8 %, chrétienne : 6 %
Gouvernement : République populaire
Monnaie : Renminbi (yuan)

MONGOLIE

Superficie : 1 566 500 km²
Point culminant : 4 362 m, dans les monts Altaï
Population : 2 542 000
Capitale : Oulan-Bator (627 000 hab.)
Langue officielle : Khalkha
Religion : Lamaïste, une forme de bouddhisme : 96 %, islamique : 4 %
Gouvernement : République
Monnaie : Tugrik

TAÏWAN

Superficie : 35 980 km²
Point culminant : Hsüeh Shan, 3 997 m
Population : 21 424 000
Capitale : Taipei (2 596 000 hab.)
Langue officielle : Mandarin
Religion : Croyances traditionnelles combinant bouddhisme, confucianisme et taoïsme.
Gouvernement : République
Monnaie : Nouveau dollar de Taïwan

Mao Zedong (ou Mao Tsé-Toung) (1893-1976) a lutté pour faire de la Chine un pays communiste. En 1949, il est devenu un puissant chef d'État dont les écrits ont rayonné dans le monde entier. Après sa mort, la Chine a entrepris une série de réformes.

À **Guilin**, dans le sud-est de la Chine, des pitons de calcaire surplombant des champs de riz verdoyants offrent un paysage saisissant. Ces pics rocheux étaient parfois associés à des dents de dragons. Dans la mythologie chinoise, les dragons sont des créatures sympathiques qui n'inspirent pas la peur

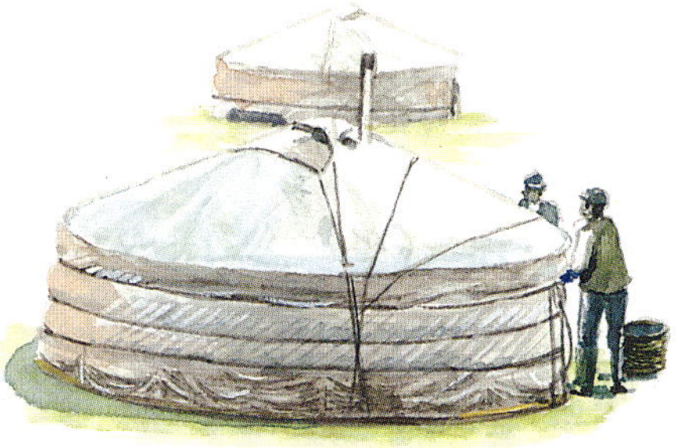

Les **nomades mongols** vivent dans des tentes de feutre appelées yourtes. La Mongolie a été un pays communiste de 1924 à 1990, date à laquelle ont été tenues des élections à suffrage universel. Sous le régime communiste, beaucoup de nomades ont été établis dans des établissements permanents.

La **construction navale** est une industrie majeure en Taïwan. Le pays est maintenant un grand centre industriel et un important producteur de biens électroniques. La Chine considère Taïwan comme l'une de ses provinces, bien que Taïwan ait son propre gouvernement.

Hongkong (Xianggang) était un territoire britannique avant de devenir, en 1997, une région administrative spéciale chinoise. Hongkong est un centre financier et industriel majeur, et la Chine a accepté que la région poursuive ses activités de libre entreprise durant les cinquante prochaines années.

PÉNINSULE CORÉENNE

La péninsule coréenne, dans le nord-est de la Chine, est comprise entre la mer Jaune, à l'ouest, et la mer du Japon, à l'est. Elle était une colonie japonaise depuis 1910 quand, en 1945, au terme de la Deuxième Guerre mondiale, les troupes soviétiques et américaines occupèrent respectivement le nord et le sud de la péninsule.

Cette scission mena à la création de la Corée du Nord communiste et de la Corée du Sud non communiste. Entre 1950 et 1953, les deux Corée se livrèrent une guerre au terme de laquelle fut établie la frontière actuelle. Les tensions entre ces deux pays ont persisté jusque dans la deuxième moitié du XXe siècle. La Corée du Nord est moins développée que la Corée du Sud, laquelle connaît une croissance industrielle rapide.

Kim Il-sung (1912-1994) a dirigé en dictateur le gouvernement de la Corée du Nord à partir de 1948, date de la création de la République populaire démocratique de Chine. Son fils Kim Jong-il lui a succédé en 1994.

CORÉE DU SUD

Superficie : 99 274 km^2
Point culminant : Halla, 1 950 m
Population : 45 991 000
Capitale : Séoul (10 229 000 hab.)
Villes principales : Pusan (3 814 000 hab.)
Taegu (2 449 000 hab.)
Inchon (2 308 000 hab.)
Taejon (1 272 000 hab.)
Langue officielle : Coréen
Religion : Chrétienne : 26 %, bouddhiste : 23 %
Gouvernement : République
Monnaie : Won

CORÉE DU NORD

Superficie : 120 538 km^2
Point culminant : Paektu, 2 744 m
Population : 22 893 000
Capitale : Pyongyang (2 639 000 hab.)
Villes principales : Hamhung (775 000 hab.)
Chongjin (754 000 hab.)
Nampo (691 000 hab.)
Langue officielle : Coréen
Religion : Croyances traditionnelles, chondogyo
Gouvernement : République populaire
Monnaie : Won

Séoul, capitale de la Corée du Sud, est l'une des plus grandes villes du monde. Les gratte-ciel modernes reflètent le développement rapide de ce pays depuis les années 1950. Toutefois, la ville possède encore beaucoup de magnifiques bâtiments anciens.

La Corée du Sud exporte de nombreux produits, dont des **voitures** et des **ordinateurs**. Elle se classe parmi les dix premiers producteurs de ciment, de véhicules industriels, d'acier, de téléviseurs et de pneus.

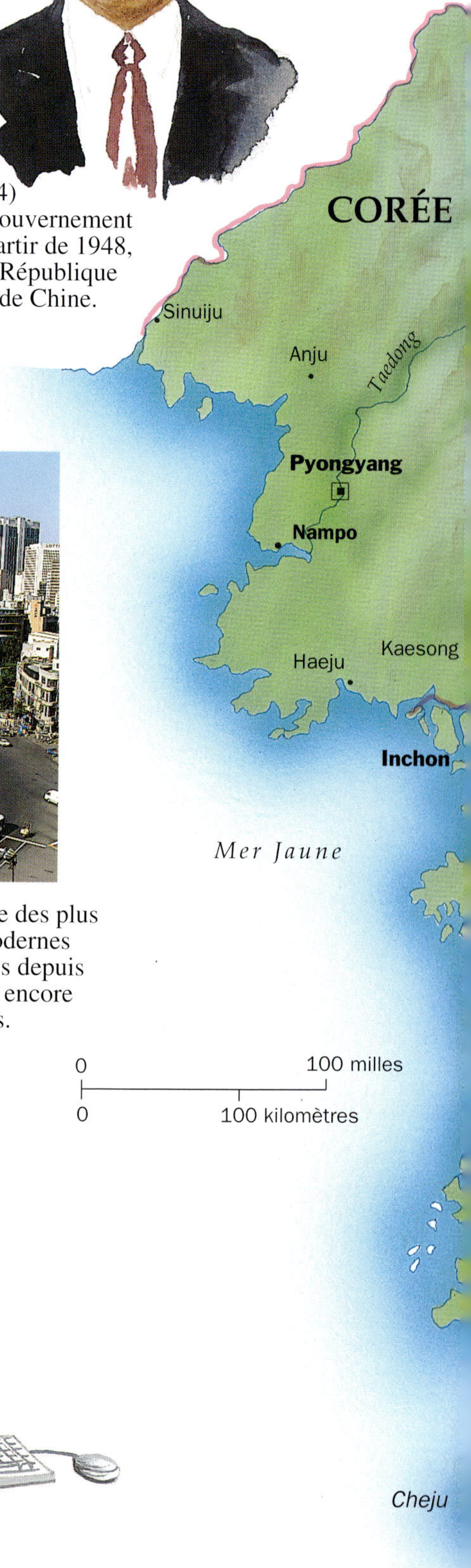

Le **bouddhisme** est, depuis longtemps, une religion importante en Corée du Sud. Le gouvernement communiste de la Corée du Nord n'encourage pas la pratique religieuse et près du deux tiers de la population se dit athée.

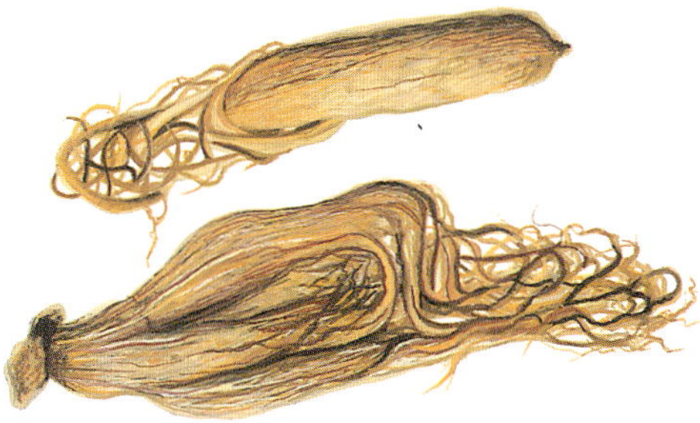

La culture du **ginseng**, pour l'exportation, est en croissance dans la péninsule coréenne et en Chine. Beaucoup de gens croient que cette plante herbacée guérit de nombreuses affections. Elle entre dans la fabrication de toniques capillaires, de boissons gazeuses, de shampooings, de crèmes médicamenteuses et d'autres produits de santé.

La **Corée du Nord** et la **Corée du Sud** sont séparées par une zone démilitarisée constamment patrouillée. En 1991, les deux pays se sont joints aux Nations Unies et se sont engagés à ne pas utiliser la force l'un contre l'autre. Malgré cela, des tensions demeurent.

L'industrie de la **fabrication** occupe une place prépondérante en Corée du Sud. Le pays se classe deuxième derrière le Japon dans le domaine de la construction navale. La stagnation économique qui a touché le pays en 1997-1998 a été suivie d'une revitalisation de l'économie à la fin du XXe siècle.

JAPON

Le Japon est formé de quatre îles occupant 98 % de son territoire et d'une myriade de petites îles. Son territoire est surtout montagneux et la population se concentre dans les petites plaines côtières fertiles. Ce pays, qui occupe une zone instable de la planète appelée « cercle de feu » du Pacifique, comprend plus de 150 volcans, dont 60 sont encore actifs, et les séismes y sont fréquents.

Après sa capitulation en 1945 au terme de la Deuxième Guerre mondiale, le Japon n'était plus que ruines. Mais il est aujourd'hui la deuxième puissance économique du monde après les États-Unis. Ce pays importe une grande partie de combustible et des matériaux nécessaires au fonctionnement de ses imposantes industries dont le succès repose grandement sur le travail acharné et la compétence des travailleurs, combinés à une technologie de pointe.

Le **sumo** est une forme de lutte japonaise où chaque lutteur essaie de faire chuter son adversaire ou de le contraindre à sortir d'un cercle de 4,6 m. Les Japonais pratiquent également le judo, le karaté et le kendo (une forme d'escrime).

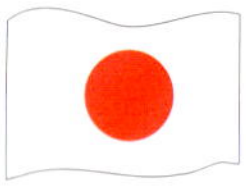

JAPON

Superficie : 377 801 km^2
Point culminant : Fuji-Yama, 3 776 m
Population : 126 091 000
Capitale : Tokyo (11 772 000 hab.)
Villes principales : Yokohama (3 307 000 hab.)
Osaka (2 602 000 hab.)
Nagoya (2 152 000 hab.)
Sapporo (1 757 000 hab.)
Kyoto (1 463 000 hab.)
Kobe (1 424 000 hab.)
Langue officielle : Japonais
Religion : Shinto et autres religions apparentées, dont le bouddhisme : 93 %
Gouvernement : Monarchie
Monnaie : Yen

Les **vers à soie** sont les chenilles, ou larves, d'un papillon. Ils se nourrissent des feuilles du mûrier blanc. Une fois leur croissance terminée, les vers s'enveloppent dans un cocon, duquel provient le fil de soie. Le Japon est l'un des principaux producteurs de ce textile.

L'**empereur Akihito** dirige le Japon depuis qu'il a succédé à son père Hirohito en 1989. Avant la Deuxième Guerre mondiale, les Japonais vénéraient Hirohito comme un dieu. Après la guerre, une nouvelle loi lui a conféré le titre de monarque institutionnel.

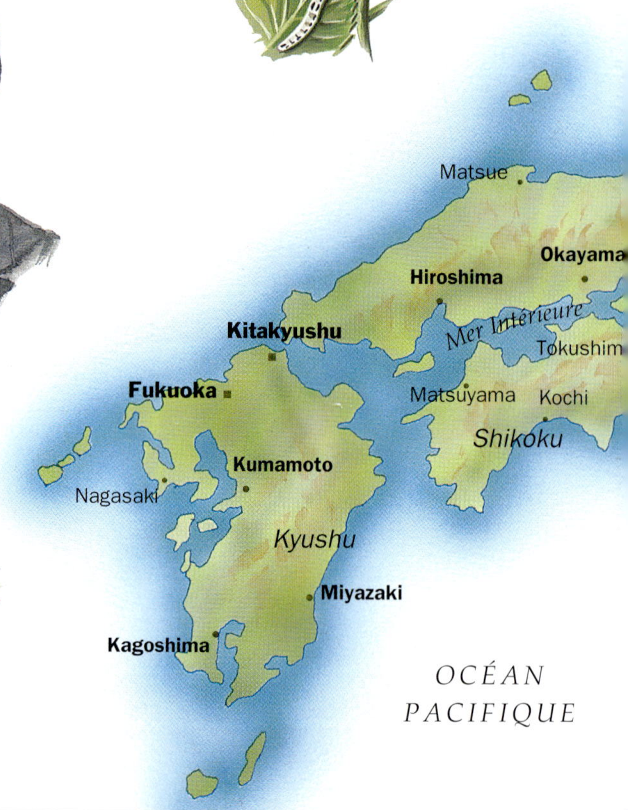

Le volcan **Fuji**, ou Fuji-Yama, est en sommeil depuis sa dernière éruption qui remonte à 1707-1708. Cette montagne au sommet enneigé, que les Japonais considèrent comme sacrée, se trouve sur l'île d'Honsu.

Le **poisson** compte en grande partie dans l'alimentation des Japonais. En raison de la rareté des terres agricoles, le Japon manquait autrefois de nourriture riche en protéines, par exemple de viande. Aujourd'hui, les Japonais consomment de plus en plus de viande et de produits laitiers.

Les **tremblements de terre** provoquent de terribles dommages. En 1923, un séisme a frappé la région de Tokyo et Yokohama, tuant près de 143 000 personnes. Plus de 5000 personnes ont perdu la vie lors d'un séisme qui a secoué Kobe en 1995.

La **calligraphie**, très prisée par les Japonais et les Chinois, est l'art de bien former les caractères d'écriture. Le japonais s'écrit avec des signes chinois et des symboles phonétiques japonais qui représentent des sons. Il peut aussi s'écrire en alphabet romain.

Le Japon produit des **motocyclettes** et domine le marché mondial de la fabrication d'automobiles et de navires. Il est un producteur important de véhicules utilitaires et d'appareils électroniques tels que les ordinateurs, les radios, les baladeurs, les téléphones et les téléviseurs.

Tokyo, capitale du Japon, est l'une des plus grandes villes du monde. Ses grands édifices et ses rues achalandées témoignent de son importance commerciale. Mais les parcs de la ville, où poussent des cerisiers, rappellent le Japon traditionnel.

BANGLADESH, MYANMAR ET THAÏLANDE

Le Bangladesh faisait autrefois partie de l'Inde britannique. Il a été annexé au Pakistan en 1947 et portait alors le nom de Pakistan oriental. Après son indépendance en 1971, ce pays a pris le nom de Bangladesh. Pauvre et densément peuplé, il est souvent frappé par des inondations.

Le Myanmar (anciennement la Birmanie) et la Thaïlande sont deux des pays de la région appelée Asie du Sud-Est. Le Myanmar aussi est un pays pauvre, dirigé par un gouvernement militaire depuis 1962. Bien des gens condamnent le gouvernement du Myanmar pour ses agissements qui ne respectent pas les droits de l'homme. La Thaïlande, par contre, est devenue, au cours de la seconde moitié du XXᵉ siècle, l'un des pays les plus riches de l'est de l'Asie.

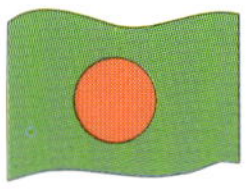

BANGLADESH

Superficie : 143 998 km²
Point culminant : Mont Keokradong, 1 230 m
Population : 123 633 000
Capitale : Dacca (6 105 000 hab.)
Ville principale : Chittagong (2 040 000 hab.)
Langue officielle : Bengali
Religion : Islamique : 88 %, hindouiste : 10 %
Gouvernement : République
Monnaie : Taka

MYANMAR

Superficie : 676 578 km²
Point culminant : Hakakabo Razi, 5 881 m
Population : 43 893 000
Capitale : Rangoon (2 513 000 hab.)
Ville principale : Mandalay (533 000 hab.)
Langue officielle : Birman
Religion : Bouddhiste : 89 %, chrétienne : 5 %, islamique : 4 %
Gouvernement : Régime militaire
Monnaie : Kyat

THAÏLANDE

Superficie : 513 115 km²
Point culminant : Mont Inthanon, 2 595 m
Population : 60 602 000
Capitale et ville principale : Bangkok (5 620 000 hab.)
Langue officielle : Thaï
Religion : Bouddhiste : 95 %, islamique : 4 %
Gouvernement : Monarchie
Monnaie : Baht

Au Bangladesh, les pluies torrentielles provoquent de fréquentes **inondations**. D'autres inondations surviennent lorsque des tempêtes tropicales, ou cyclones, frappent la côte. Les vents forts poussent alors l'eau de la mer vers l'intérieur, inondant d'eau salée les plaines côtières.

Il n'est pas rare de voir des **moines bouddhistes** au Myanmar et en Thaïlande. La plupart des jeunes garçons du Myanmar fréquentent le monastère de leur région; certains y demeurent quelques semaines, d'autres, des années.

Le Myanmar est connu pour ses **pierres précieuses**, dont ses magnifiques rubis et ses saphirs. La Thaïlande recèle également diverses mines de pierres précieuses ainsi que des gisements importants d'étain, un minerai très recherché.

Les **chats siamois** proviennent de la Thaïlande, autrefois appelée Siam. Ces félins très appréciés servaient jadis à surveiller les palais et les temples, car leurs miaulements forts et insistants attiraient l'attention.

Le **jute** est une fibre robuste extraite d'une plante herbacée poussant sous les climats chauds et humides. La jute entre dans la fabrication de sacs et d'étoffes. Le Bangladesh se classe deuxième derrière l'Inde pour la production de cette fibre.

Bangkok, sur le Chao Phraya, est la capitale de la Thaïlande et un centre commercial et industriel achalandé. Elle comprend aussi de magnifiques palais et temples bouddhistes, ainsi qu'un marché flottant très fréquenté.

La **technologie informatique** occupe une place importante dans l'industrie et l'économie de la Thaïlande. Les usines fabriquent des ordinateurs et des logiciels, et la production de machinerie domine le marché de l'exportation thaïlandais.

Cambodge, Laos et Viêt Nam

Le Cambodge, le Laos et le Viêt Nam forment une région appelée l'Indochine. Après la guerre qui opposa cette région à la France, en 1954, le Viêt Nam fut partagé en deux : le Viêt Nam du Nord communiste et le Viêt Nam du sud non communiste. Cette scission mena à la guerre du Viêt Nam (1954-1975), et le Viêt Nam fut finalement réunifié sous un régime communiste et devint la République socialiste du Viêt Nam.

Le Cambodge, le Laos et le Viêt Nam sont des pays pauvres, peu développés, gravement marqués par la guerre. Leur population dépend largement de l'agriculture, bien que l'industrie de la fabrication soit en croissance, particulièrement au Viêt Nam.

CAMBODGE

Superficie : 181 035 km²
Point culminant : 1 813 m, dans le centre-ouest du Cambodge
Population : 10 480 000
Capitale et ville principale : Phnom Penh (920 000 hab.)
Langue officielle : Khmer
Religion : Bouddhiste : 95 %, islamique : 2 %
Gouvernement : République
Monnaie : Riel

LAOS

Superficie : 236 800 km²
Point culminant : Mont Bia, 2 817 m
Population : 4 849 000
Capitale : Vientiane (178 000 hab.)
Ville principale : Savannakhet (97 000 hab.)
Langue officielle : Lao
Religion : Bouddhiste : 58 %, religions locales : 34 %
Gouvernement : République populaire
Monnaie : Kip

VIÊT NAM

Superficie : 331 689 km²
Point culminant : Fan Si pan, 3 143 m
Population : 76 711 000
Capitale : Hanoï (2 155 000 hab.)
Villes principales : Hô Chi Minh-Ville (anc. Saigon) (4 322 000 hab.) Haiphong (783 000 hab.)
Langue officielle : Vietnamien
Religion : Bouddhiste : 67 %, chrétienne : 9 %
Gouvernement : République socialiste
Monnaie : Dong

Angkor Vat est un immense temple dans le nord du Cambodge qui fut construit au XIIe siècle en l'honneur du dieu hindou Vishnu. Il s'agit probablement du plus majestueux de tous les temples anciens du Cambodge.

Le **riz** est la principale culture vivrière des trois pays de l'Indochine. Les pousses de riz sont plantées dans le sol boueux des champs inondés. Cette plante prospère sous un climat chaud et humide.

Beaucoup de **maisons** des villages d'Indochine sont faites de bois ou de bambou, et sont installées sur des pilotis, ce qui les protège des inondations. Près de 80 pour 100 de la population indochinoise habite en région rurale.

Le **durian** est un fruit qui pousse en Asie du Sud-Est. Ce fruit ovoïde est couvert d'une écorce dure. Sa chair est savoureuse et sucrée, mais son odeur forte rappelle celle des fromages bien faits.

Le **Mékong** est le fleuve le plus long d'Indochine. Il prend sa source au Tibet et forme une partie de la frontière entre la Thaïlande et le Laos. Il traverse le Laos, le Cambodge et le Viêt Nam avant de se jeter dans la mer de Chine méridionale près d'Hô Chi Minh-Ville.

Hô Chi Minh (1890-1969), communiste vietnamien, joua un rôle déterminant dans l'affranchissement de son pays de la domination française. Il fut ensuite président du Viêt Nam du Nord communiste lors de la guerre du Viêt Nam.

Malaisie, Singapour et Brunei

La Malaisie est un vaste pays qui comprend la péninsule de Malaisie, rattachée au continent asiatique, et deux régions du nord de l'île de Bornéo, les régions de Sabah et de Sarawak. Ce pays chaud et pluvieux connaît une croissance économique rapide depuis 1963, date à laquelle la Fédération de Malaisie, territoire britannique jusqu'en 1957, s'est unie à Singapour, Sabah et Sarawak.

Singapour, un petit État insulaire qui a, lui aussi, déjà été une colonie britannique, s'est retiré de la fédération en 1965. Il est aujourd'hui l'un des États les plus prospères d'Asie, à l'instar de Brunei, un petit pays dans l'île de Bornéo qui s'est affranchi de la Grande-Bretagne en 1984 et dont la richesse repose sur ses gisements de pétrole.

Singapour est constitué d'une grande île du même nom et de 58 îlots. Grâce à la compétence et au travail consciencieux de ses habitants, le pays est aujourd'hui un centre industriel majeur. Le secteur commercial et financier occupe aussi une place importante.

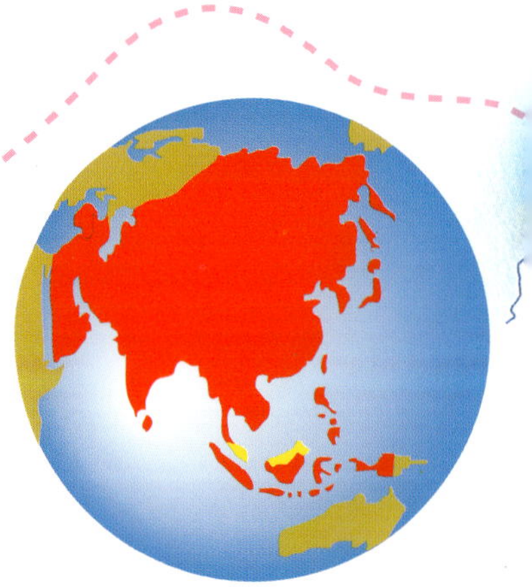

MALAISIE

Superficie : 329 758 km^2
Point culminant : Mont Kinabalu, 4 094 m
Population : 21 667 000
Capitale : Kuala Lumpur (1 145 000 hab.)
Villes principales : Ipoh (383 000 hab.) Johore Baharu (328 000 hab.)
Langue officielle : Malais
Religion : Islamique : 53 %, bouddhiste : 17 %
Gouvernement : Monarchie fédérale
Monnaie : Ringgit

SINGAPOUR

Superficie : 618 km^2
Population : 3 104 000
Capitale : Singapour (2 874 000 hab.)
Langues officielles : Chinois, malais, tamoul, anglais
Religion : Bouddhiste : 32 %, taoïste : 22 %, islamique : 15 %
Gouvernement : République
Monnaie : Dollar de Singapour

BRUNEI

Superficie : 5765 km^2
Population : 308 000
Capitale : Bandar Seri Begawan (46 000 hab.)
Langue officielle : Malais
Religion : Islamique : 67 %, bouddhiste : 13 %, chrétienne : 10 %
Gouvernement : Monarchie
Monnaie : Dollar de Brunei

On trouve des **oiseaux** au plumage multicolore en Malaisie, surtout dans les forêts tropicales de Sabah et de Sarawak. Les animaux sauvages sont protégés par la loi et la population peut admirer la richesse de la faune et de la flore du pays dans les parcs nationaux.

L'**exploitation de l'étain** composait jusqu'à tout récemment la base du développement économique de la Malaisie. Ce pays occupe maintenant le troisième rang des producteurs mondiaux d'étain après la Chine et l'Indonésie.

La Malaisie est le premier producteur mondial d'**huile de palme**, extraite du fruit du palmier à huile. Elle se classe également parmi les principaux producteurs mondiaux de **caoutchouc** naturel. Elle produit du cacao à des fins commerciales depuis les années 1950 et occupe le cinquième rang mondial pour la production de cette fève.

Le **pétrole** représente le pilier de l'économie de Brunei. La Malaisie exploite également des gisements de ce combustible et produit du bois d'œuvre et de l'étain. La culture du riz domine, mais l'industrie de la fabrication est aujourd'hui la principale activité économique de la Malaisie

Le sultan de **Brunei**, qui dirige l'État, habite un palais de 1700 pièces. Ce pays est prospère depuis qu'on y a découvert en 1929, du pétrole et du gaz naturel, faisant de son sultan l'homme le plus riche du monde. Ce dernier a toutefois perdu au moins la moitié de sa fortune dans les années 1980 et 1990.

INDONÉSIE

L'Indonésie, pays à dominance musulmane, comprend environ 13 600 îles, dont moins de 6000 sont habitées. La plupart d'entre elles sont montagneuses et comprennent de nombreux volcans actifs. De vastes marais côtiers occupent également les îles les plus grandes. Ce pays jouit d'un climat chaud et humide et d'importantes forêts tropicales.

L'Indonésie s'est affranchie des Pays-Bas en 1949, mais le Portugal a continué à diriger la partie orientale de l'île du Timor jusqu'en 1975. L'Indonésie a assuré la relève jusqu'en 1999, date à laquelle les populations locales ont voté en faveur de l'indépendance.

Les **orangs-outangs** sont de grands singes vivant dans les forêts de Bornéo et de Sumatra. Ils sont depuis peu menacés par la déforestation et les incendies de forêts.

INDONÉSIE

Superficie : 1 904 569 km^2
Point culminant : Puncak Jaya, 5 030 m
Population : 200 390 000
Capitale : Jakarta (11 500 000 hab.)
Villes principales : Surabaya (2 701 000 hab.)
Bandung (2 368 000 hab.)
Medan (1 910 000 hab.)
Palembang (1 352 000 hab.)
Langue officielle : Bahasa indonesia
Religion : Islamique : 87 %; chrétienne : 10 %
Gouvernement : République
Monnaie : Roupie indonésienne

Le **tourisme** est important en Indonésie, qui accueille plus de cinq millions de visiteurs par année. L'île de Bali, avec ses plages magnifiques et son ancienne culture hindou, constitue un centre touristique majeur. Les danses traditionnelles attirent aussi un vaste public.

Krakatau, l'une des nombreuses îles volcaniques d'Indonésie, fut secouée d'une immense explosion volcanique en 1883. Cette explosion donna naissance à une gigantesque vague appelée tsunami qui causa la noyade de 36 000 personnes à Java et à Sumatra. Environ les deux tiers de l'île furent engloutis.

Les **épices** sont abondamment cultivées en Indonésie. Le riz est la principale culture vivrière. Le pays exporte aussi du café, de l'huile de palme, du caoutchouc, du sucre de canne, du thé et du tabac. L'agriculture emploie environ 44 pour 100 de la population active.

Jakarta, sur l'île de Java, est la capitale de l'Indonésie, un important centre industriel et le principal centre économique du pays. Jakarta comprend quelques quartiers prospères et beaucoup de quartiers pauvres appelés kampongs. Ci-contre, ce monument national célèbre la libération de l'Indonésie de la domination des Pays-Bas.

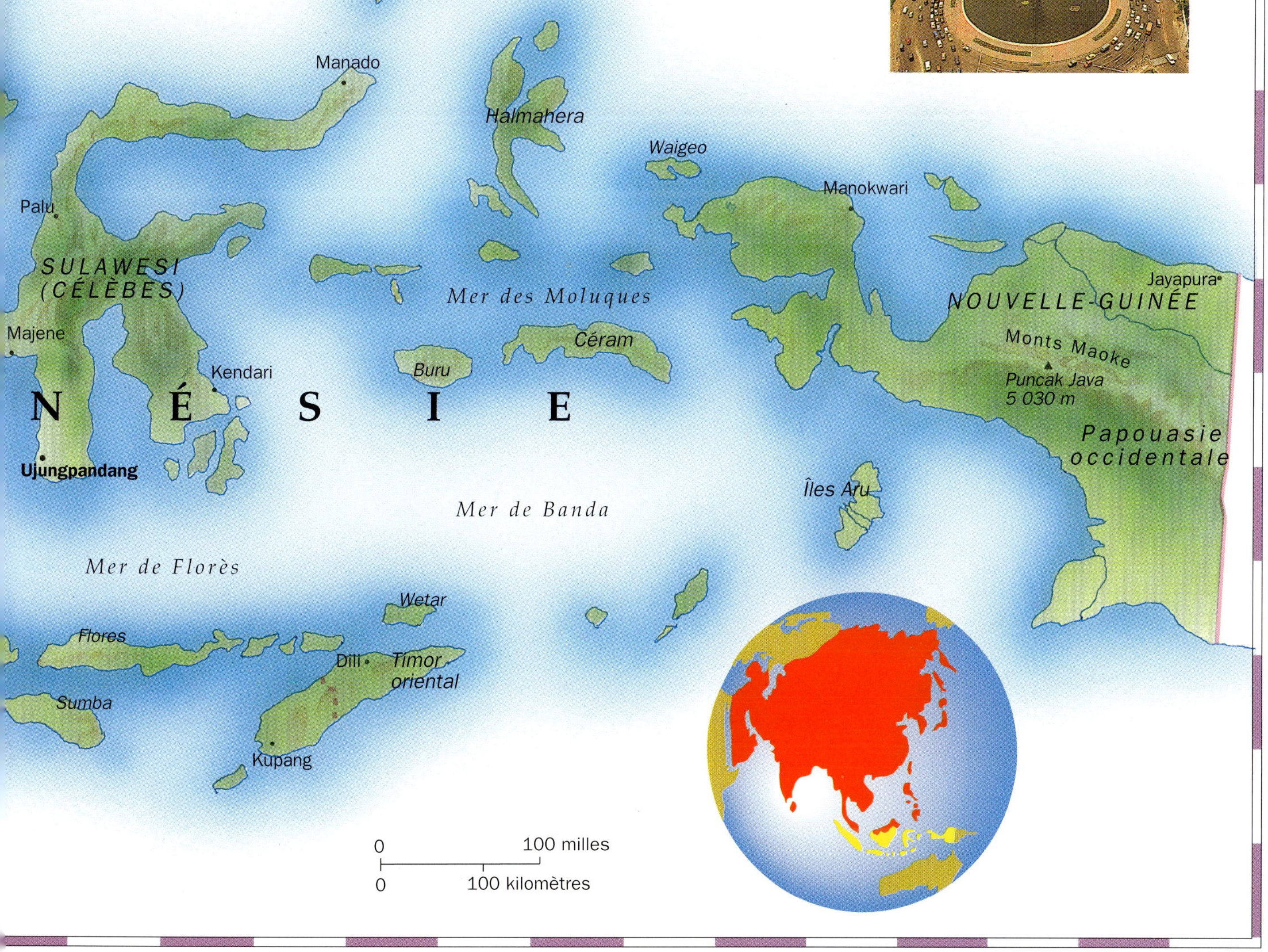

PHILIPPINES

Les Philippines consistent en un archipel de quelque 7 100 îles, dont environ 1000 sont habitées. Le pays se situe dans la zone du « cercle de feu » du Pacifique, et c'est pourquoi les séismes et les éruptions volcaniques y sont fréquents. La majeure partie du territoire y est montagneux. L'agriculture emploie environ 40 pour 100 des travailleurs. On y cultive principalement la banane, le cacao, la noix de coco, le café, le maïs, le riz (aliment de base), la canne à sucre et le tabac. Le secteur de la fabrication est en expansion. Les Philippines ont été une colonie espagnole de 1565 à 1898, date à laquelle elles furent annexées par les États-Unis. Envahi par le Japon durant la Deuxième Guerre mondiale, ce pays a acquis son indépendance en 1946.

PHILIPPINES

Superficie : 300 000 km^2
Point culminant : Mont Apo, 2 954 m
Population : 73 527 000
Capitale : Manille (1 655 000 hab.)
Villes principales : Quezon City (1 989 000 hab.)
Caloocan (1 023 000 hab.)
Davao (961 000 hab.)
Cebu (688 000 hab.)
Langues officielles : Tagalog, anglais
Religion : Chrétienne (catholique : 83 %, protestante : 5 %); islamique : 4,6 %
Gouvernement : République
Monnaie : Peso philippin

En 1565, l'Espagne revendiqua les Philippines et des missionnaires commencèrent bientôt à convertir les habitants de cet archipel au **christianisme**. C'est pourquoi il y a plus de chrétiens aux Philippines que dans les autres pays asiatiques. Ci-dessus, un rassemblement de fidèles pour la célébration eucharistique.

Les **forêts** couvrent environ un tiers du territoire des Philippines. L'acajou des Philippines est très recherché pour la qualité de son bois dur. Le pays produit également du bambou et du kapok, une fibre utilisée pour le rembourrage des meubles.

Ferdinand Marcos (1917-1989) a été président des Philippines de 1965 à 1986. Accusé de corruption et de fraude électorale, il a fui le pays en 1986. Les Philippines font face à de graves problèmes politiques, dont des conflits avec des guérilleros musulmans et de forts taux de criminalité et de chômage.

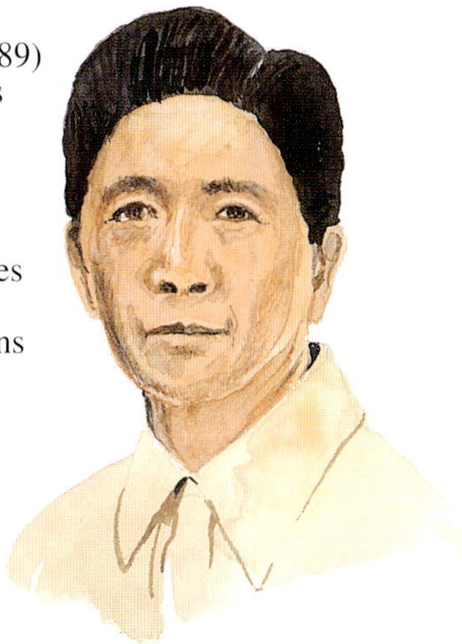

Les **taxibus** sont des moyens de transport très répandus aux Philippines. Ces taxis collectifs abondamment décorés assurent un transport bon marché aux passagers qui s'y entassent. Les autobus sont également nombreux.

Manille, capitale des Philippines, est le principal centre commercial et culturel et un port majeur de l'archipel. Cette magnifique ville située sur les rives de la baie de Manille, sur l'île de Luçon, abrite également de nombreux bidonvilles où les gens vivent dans une extrême pauvreté.

L'**aigle des Singes** est une espèce exclusive aux Philippines. Cet aigle se nourrit, comme son nom l'indique, de singes, mais aussi d'autres mammifères, d'oiseaux et de reptiles. Il est en voie de disparition en raison des coupes massives pratiquées dans la forêt tropicale.

La **canne à sucre** pousse bien dans les sols volcaniques fertiles des Philippines. La tige de cette plante herbacée contient un jus sucré à partir duquel on fabrique du sucre et du sirop.

Peuples et Croyances

Plus de 60 pour 100 de la population mondiale vit en Asie. De vastes régions de ce continent sont trop sèches, trop froides ou trop montagneuses pour être habitées. En revanche, certaines parties de l'Asie de l'Est, du Sud-Est et du Sud comptent parmi les régions les plus densément peuplées de la planète. Beaucoup de gens vivent dans d'immenses villes, dont les principales sont Tokyo, Jakarta, Séoul, Mumbai (anciennement Bombay), Shanghai et Delhi.

La Mosquée d'Omar, sur le **rocher du Dôme**, surplombe le mur des Lamentations à Jérusalem. L'islam, l'hindouisme et le bouddhisme sont les principales religions de l'Asie. Le judaïsme rallie moins de cinq millions de personnes.

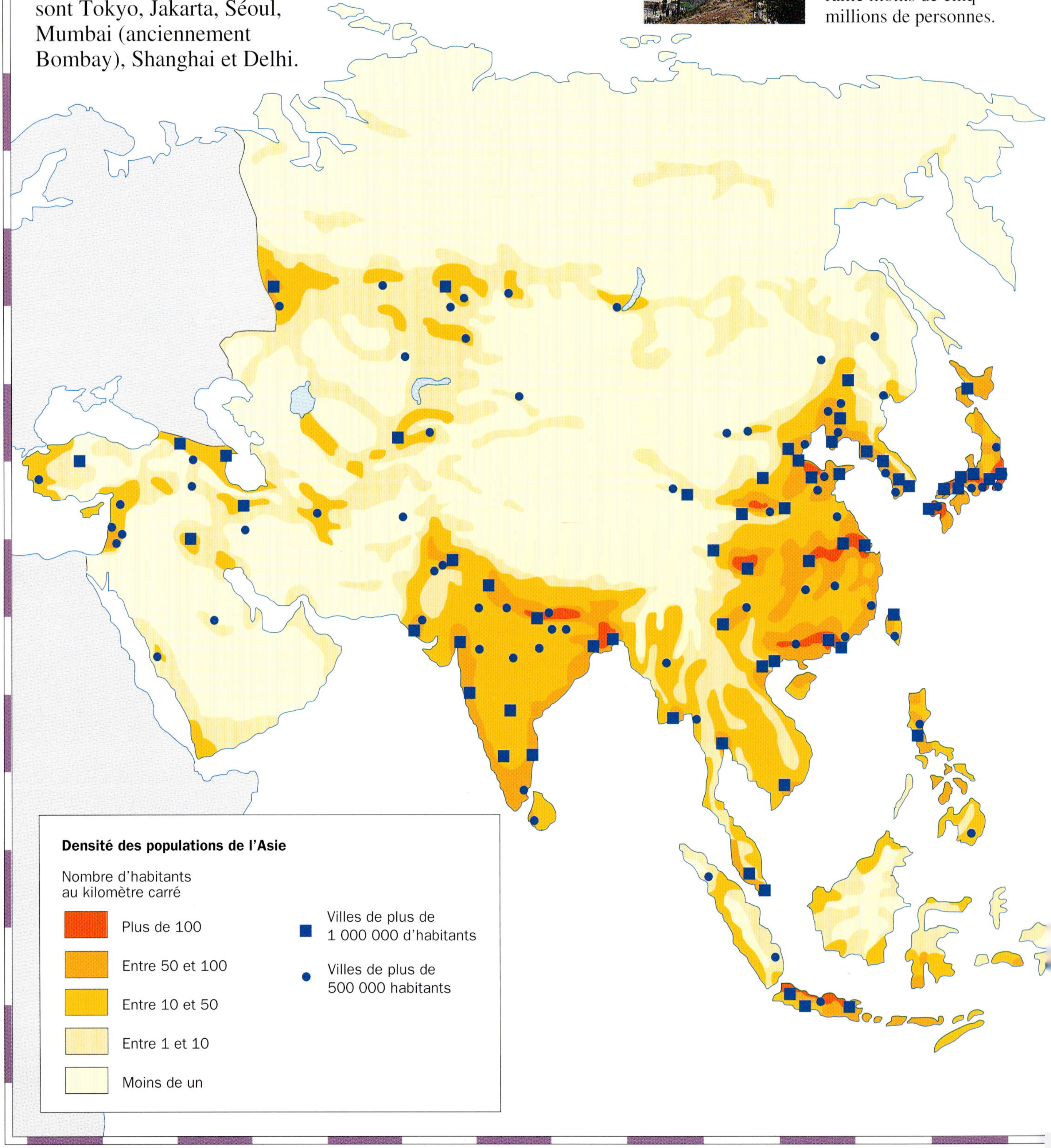

Population et superficie

Bien que seulement 75 pour 100 de la Russie appartienne à l'Asie, ce pays occupe la superficie la plus étendue du continent. Viennent ensuite la Chine, l'Inde, le Kazakhstan (dont une petite portion fait partie de l'Europe), l'Arabie saoudite et l'Indonésie.

La Chine et l'Inde sont les plus populeux des pays du monde. L'Indonésie se classe quatrième après les États-Unis. La Russie est au sixième rang en termes de population, mais 80 pour 100 de ses habitants vivent dans la partie européenne du pays. Le Pakistan, le Japon et le Bangladesh sont également très peuplés.

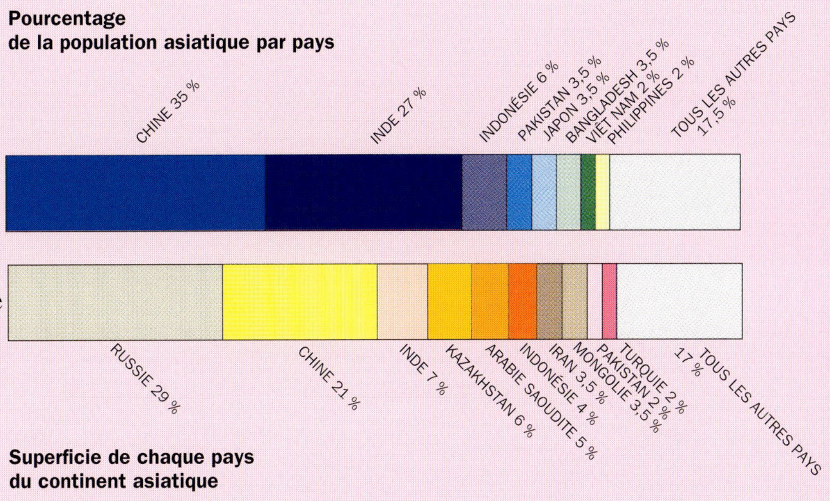

Religions principales

Toutes les grandes religions du monde ont vu le jour en Asie. C'est le cas du judaïsme, du christianisme et de l'islam qui ont pris naissance en Asie mineure, dont la majeure partie des habitants sont aujourd'hui musulmans. Toutefois, le judaïsme domine en Israël et le christianisme prime en Chypre. L'Inde est le berceau de l'hindouisme et, de nos jours, plus des quatre cinquièmes de la population indienne sont de religion hindoue. Mais les musulmans constituent environ 12 pour 100 de la population de l'Inde, et l'islam domine au Bangladesh, dans les Maldives et au Pakistan.

Le bouddhisme, apparu il y a environ 2 500 ans, s'est répandu dans la majeure partie de l'est de l'Asie. L'islam est la religion dominante au Brunei, en Indonésie et en Malaisie, tandis que le christianisme est majoritaire aux Philippines. Certaines religions locales sont toujours pratiquées dans les régions éloignées de l'Indonésie. Le confucianisme est important dans l'est de l'Asie, et l'on pratique le shinto au Japon.

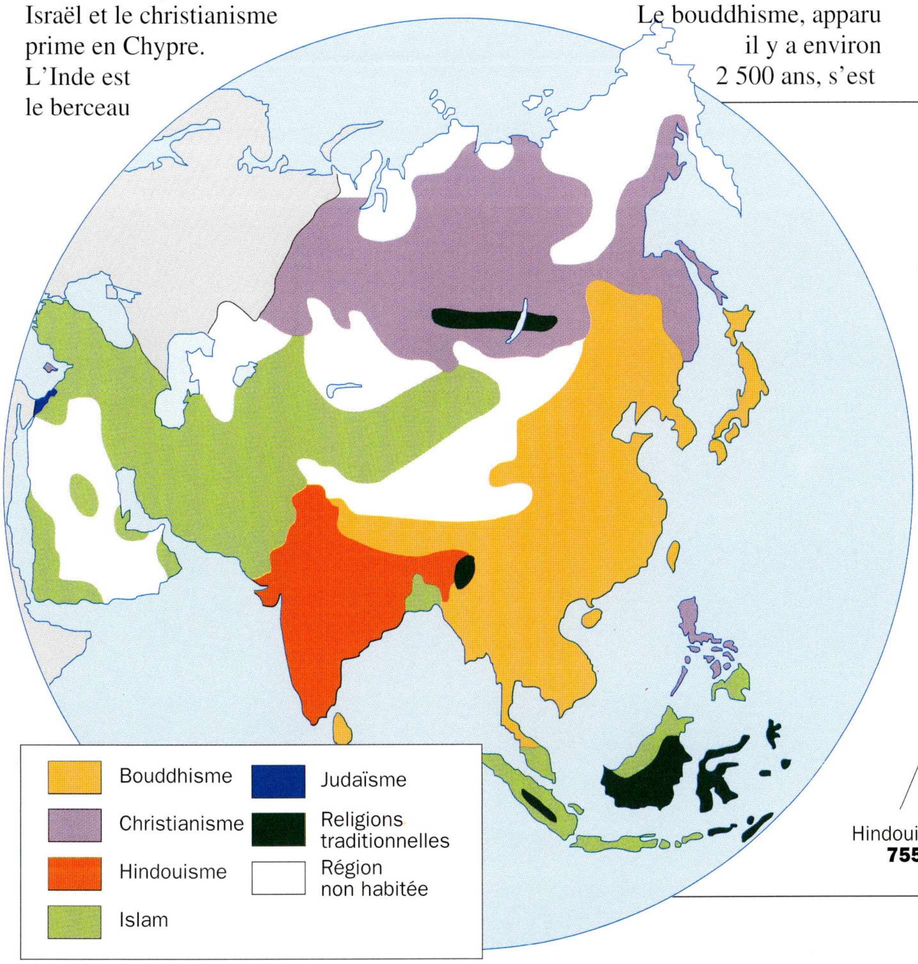

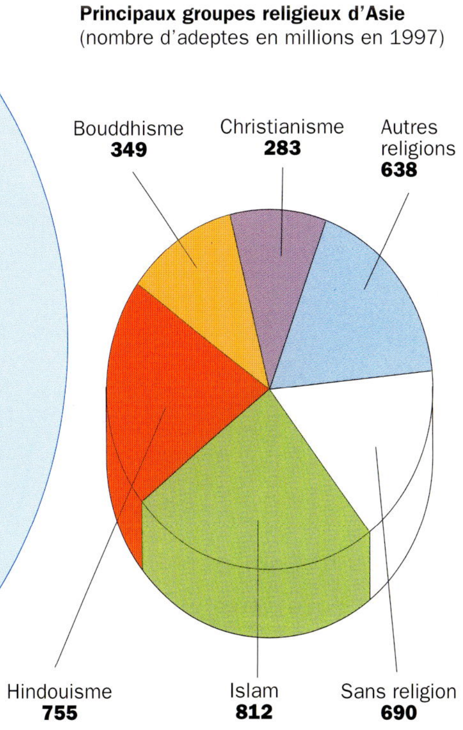

Climat et Végétation

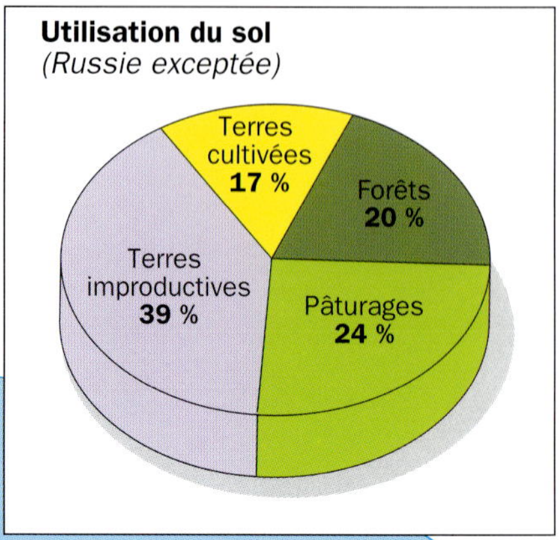

Le climat de l'Asie est un climat polaire ou de toundra au nord, tropical au sud. Le sud de la région polaire et la majeure partie de la Sibérie, dans le nord de l'Asie, connaissent un climat froid et sont occupés par de vastes forêts de conifères composées de sapins, de pins et d'épicéas. Vers l'est, poussent des arbres décidus, alors que les forêts tropicales occupent le sud-est asiatique et certaines régions de l'Inde. L'Asie centrale comprend des steppes et des déserts froids, alors que les déserts chauds occupent la majeure partie de l'Asie mineure.

Températures hivernales

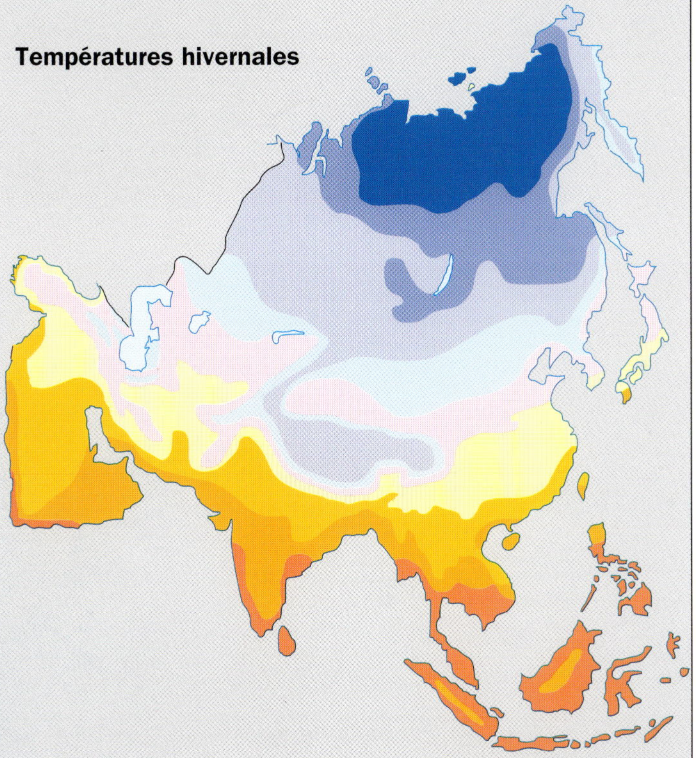

Températures estivales

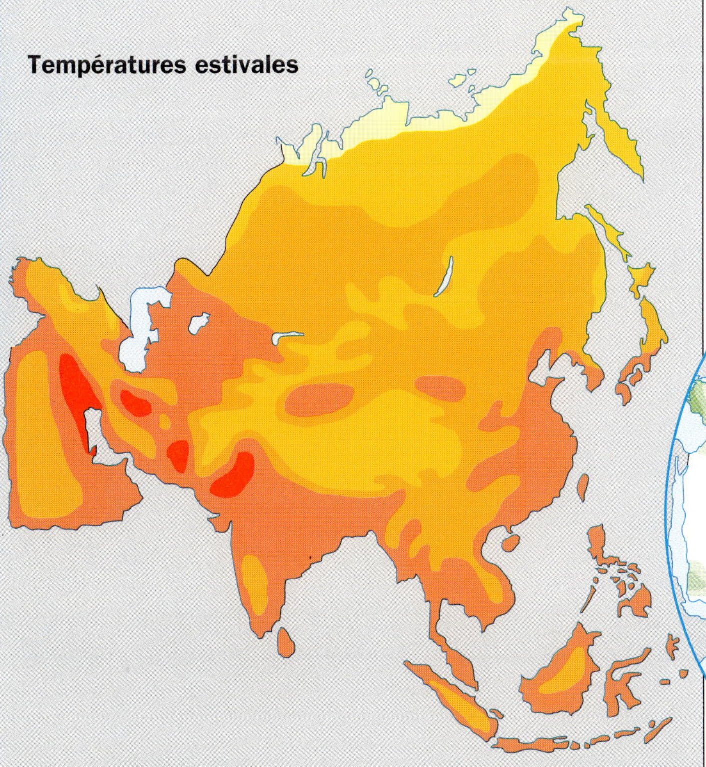

Échelle de température en °C

- Moins de -32
- De -32 à -24
- De -24 à -16
- De -16 à -8
- De -8 à 0
- De 0 à 8
- De 8 à 16
- De 16 à 24
- De 24 à 32
- Plus de 32

Type de climats

Le climat dépend de deux facteurs principaux : les précipitations (pluie, neige et toutes les autres formes d'humidité en provenance de l'air) et la température. Celui de l'Asie varie du nord de l'Arctique aux régions équatoriales du sud-est, et dépend également de la distance de chaque région par rapport à la mer. L'Asie centrale connaît quant à elle des climats extrêmes, aux étés caniculaires, aux hivers rigoureux et aux précipitations faibles.

Dans le sud de l'Asie, les vents soufflent de la terre en direction de la mer, en hiver. En été, la terre se réchauffe et l'air de la mer transporte de l'humidité vers l'intérieur des terres, provoquant le renversement de la direction des vents. Ces vents saisonniers sont appelés moussons.

Précipitations

Les moussons amènent de fortes pluies qui arrosent l'Inde et d'autres régions en été. Il pleut toute l'année en Indonésie, tandis que l'Asie mineure connaît un climat désertique. La vie n'y est possible qu'autour des oasis, là où il y a des points d'eau.

Inondations et sécheresses

Les fortes pluies saisonnières font parfois déborder les cours d'eau, provoquant des inondations. Lorsque les vents de la mousson tardent à venir ou n'apportent pas suffisamment de pluie, il peut survenir une période de sécheresse qui compromet les récoltes et accule les gens à la famine.

Précipitations annuelles en mm

- Plus de 3 000
- De 2 000 à 3 000
- De 1 000 à 2 000
- De 500 à 1 000
- De 250 à 500
- De 0 à 250

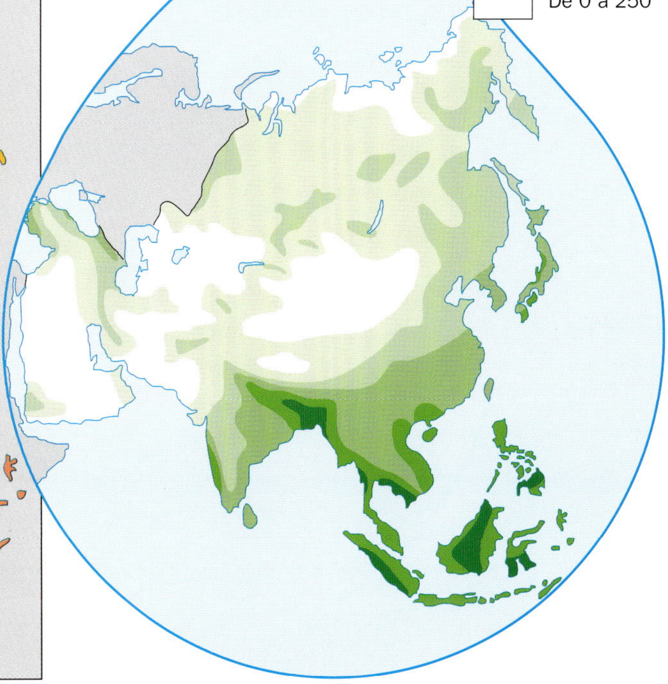

ÉCOLOGIE ET ENVIRONNEMENT

On cultive désormais le riz là où auparavant s'étendaient des forêts tropicales humides. Les gens ont besoin de nourriture, mais on ignore quel sera le coût écologique de ces cultures extensives.

Actuellement, la population asiatique augmente de plus de 50 millions de personnes par an. Beaucoup de secteurs sont surpeuplés et la situation empire d'année en année. L'accroissement démographique pousse les gens à défricher davantage de forêts pour la construction et le chauffage, et à exploiter plus intensivement les terres pour l'agriculture et l'habitation. Dans certaines régions, la disparition des forêts a provoqué des catastrophes écologiques et réduit dramatiquement le nombre d'animaux et de plantes sauvages. D'innombrables espèces végétales, dont certaines pourraient avoir eu une valeur médicinale, disparaissent rapidement.

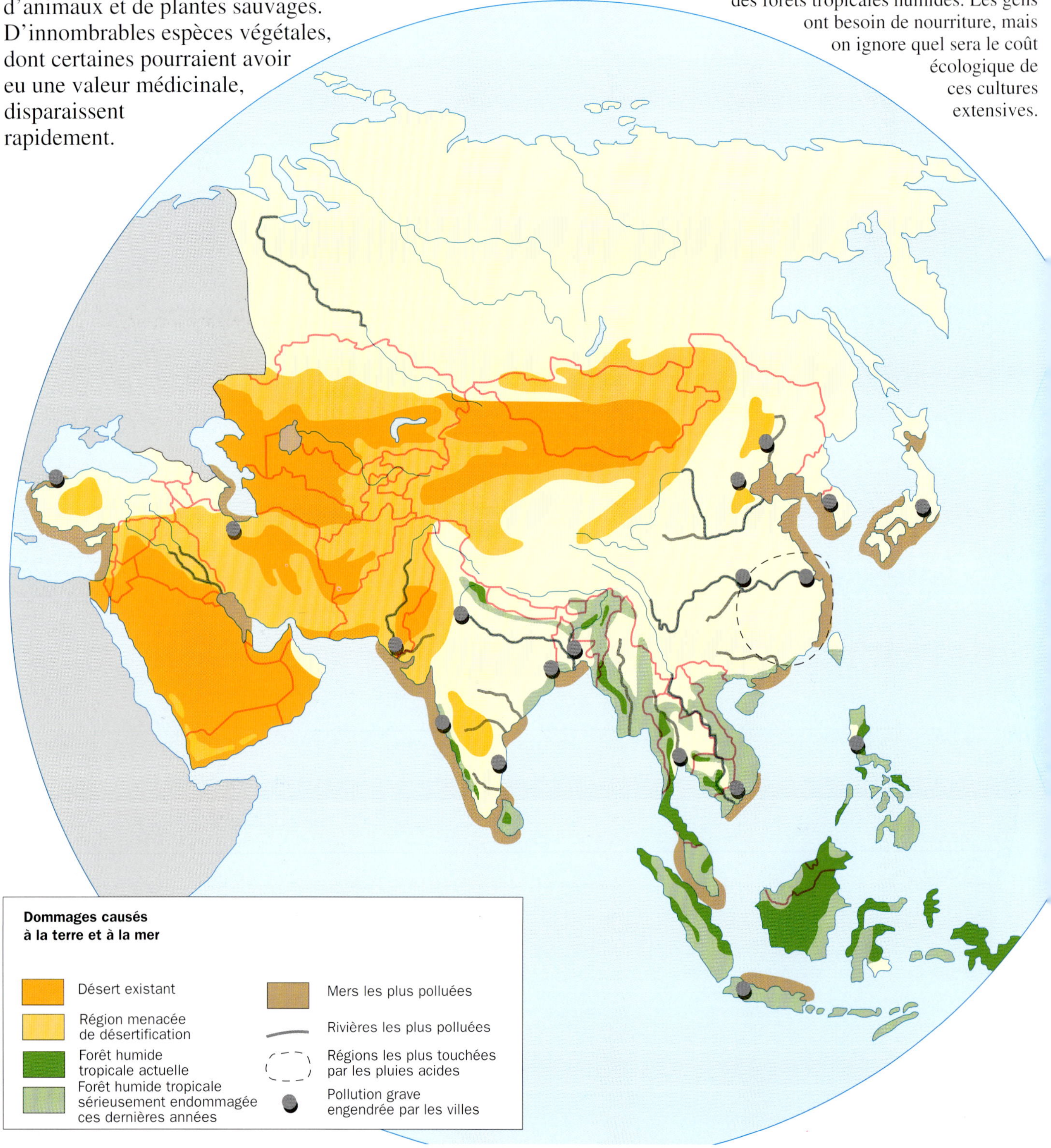

Dommages écologiques

Lorsque des forêts sont rasées dans les hautes terres, les effets de cette destruction se font sentir dans les basses terres. Sans arbres pour retenir l'eau et la terre, la pluie emporte avec elle les sols fertiles qui vont embourber et gonfler les cours d'eau au fond desquels ils s'accumulent et finissent par causer des débordements. De graves inondations ont ainsi été provoquées en 2000 au Bangladesh.

À la fin des années 1990, en Indonésie, des feux de forêts, pour la plupart provoqués délibérément pour les besoins du défrichage, ont engendré des nuages de fumée qui ont intoxiqué les habitants de pays plus au nord comme la Malaisie et Singapour.

Dans les villes surpeuplées de l'Asie, les usines et les automobiles rejettent dans l'atmosphère de nombreux gaz toxiques. Les usines déversent également des produits chimiques dangereux dans les cours d'eau et les empoisonnent. Les gens se lavent dans l'eau des rivières et y déversent leurs eaux usées. Mais ces rivières ne parviennent pas à absorber toute cette pollution et l'eau potable se fait de plus en plus rare.

Catastrophes naturelles

Des tremblements de terre secouent une région formant un ruban de la Turquie jusqu'aux Himalayas. Les éruptions volcaniques sont également fréquentes dans le sud-est et l'est de l'Asie. En effet, ces régions sont comprises dans le « cercle de feu » du Pacifique, une zone fréquemment pertubée par les mouvements de la croûte terrestre causés par la tectonique des plaques. La catastrophe la plus terrible de l'histoire est un tremblement de terre qui ravagea la province de Shanxi, dans le nord de la Chine, en 1556, où 830 000 personnes périrent.

Les tempêtes tropicales, qui poussent l'eau salée des mers vers l'intérieur des terres et provoquent des inondations, menacent également les populations pauvres du sud et du sud-est de l'Asie. En 1970, une tempête de ce genre a causé la mort d'environ un million de personnes au Bangladesh.

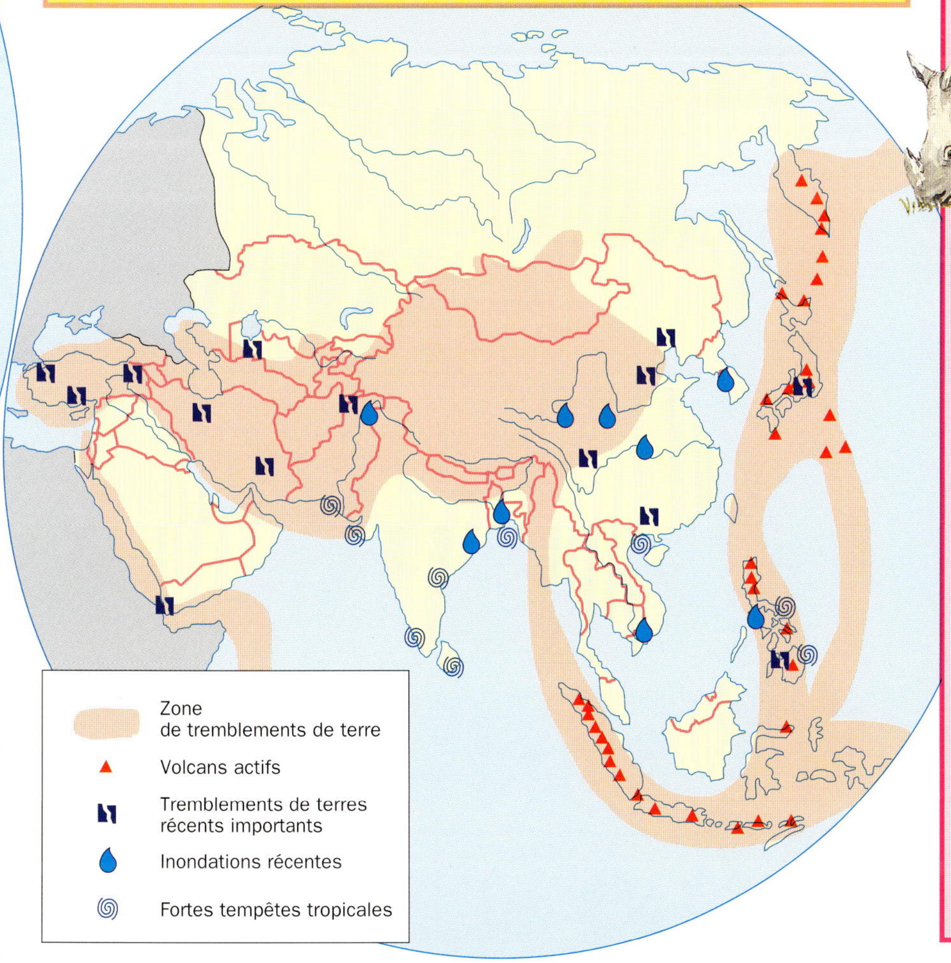

Espèces menacées

Les habitats naturels de beaucoup d'animaux ont sérieusement diminué en raison de l'augmentation de la population humaine. Beaucoup d'espèces animales sont aujourd'hui menacées d'extinction. La plus connue est le panda géant, symbole du Fonds mondial pour la nature, qui vit dans ce qui reste des forêts froides de la province chinoise de Sichuan. La population locale a abattu la plupart des arbres et des bambous pour se construire des maisons et se chauffer. Beaucoup d'animaux, dont les tigres et les singes, sont pourchassés par les braconniers parce que la médecine populaire prête des vertus thérapeutiques à leur peau ou à d'autres parties de leur organisme. D'autres, comme l'orang-outang, sont capturés tout jeunes et vendus comme animaux de compagnie. L'orang-outang est également victime de la déforestation et des feux de forêts. Certaines espèces, dont le grand papillon porte-queue et de nombreux arbres de la forêt tropicale, sont désormais protégées.

Rhinocéros de Java

Quelques espèces menacées de l'Asie

Oiseaux
Brève de Gurney
Grue de Mandchourie
Aigle des Singes
Mainate de Rothschild

Mammifères et reptiles
Éléphant d'Asie
Panda géant
Rhinocéros de Java et de Sumatra
Varan de Komodo
Orang-outang
Tortue fluviale indienne
Tigre

Plantes et arbres
Orchidée Vanda coerulea
Davidée involucrée
Sabot de vénus
Rafflesia

ÉCONOMIE

Plus de la moitié de la population asiatique tire sa subsistance de l'agriculture. La majorité de ces gens sont pauvres et récoltent à peine de quoi nourrir leur famille. L'utilisation de machines, de fertilisants et de nouvelles semences très productives de riz ou de blé ont permis d'augmenter la production ces dernières années. Le Japon est une puissance industrielle majeure du continent et la fabrication prend de l'expansion, en particulier dans l'est de l'Asie, de l'Indonésie à la Corée.

Partout en Asie, on modernise des usines désuètes pour pouvoir répondre à la demande croissante en provenance du reste du monde.

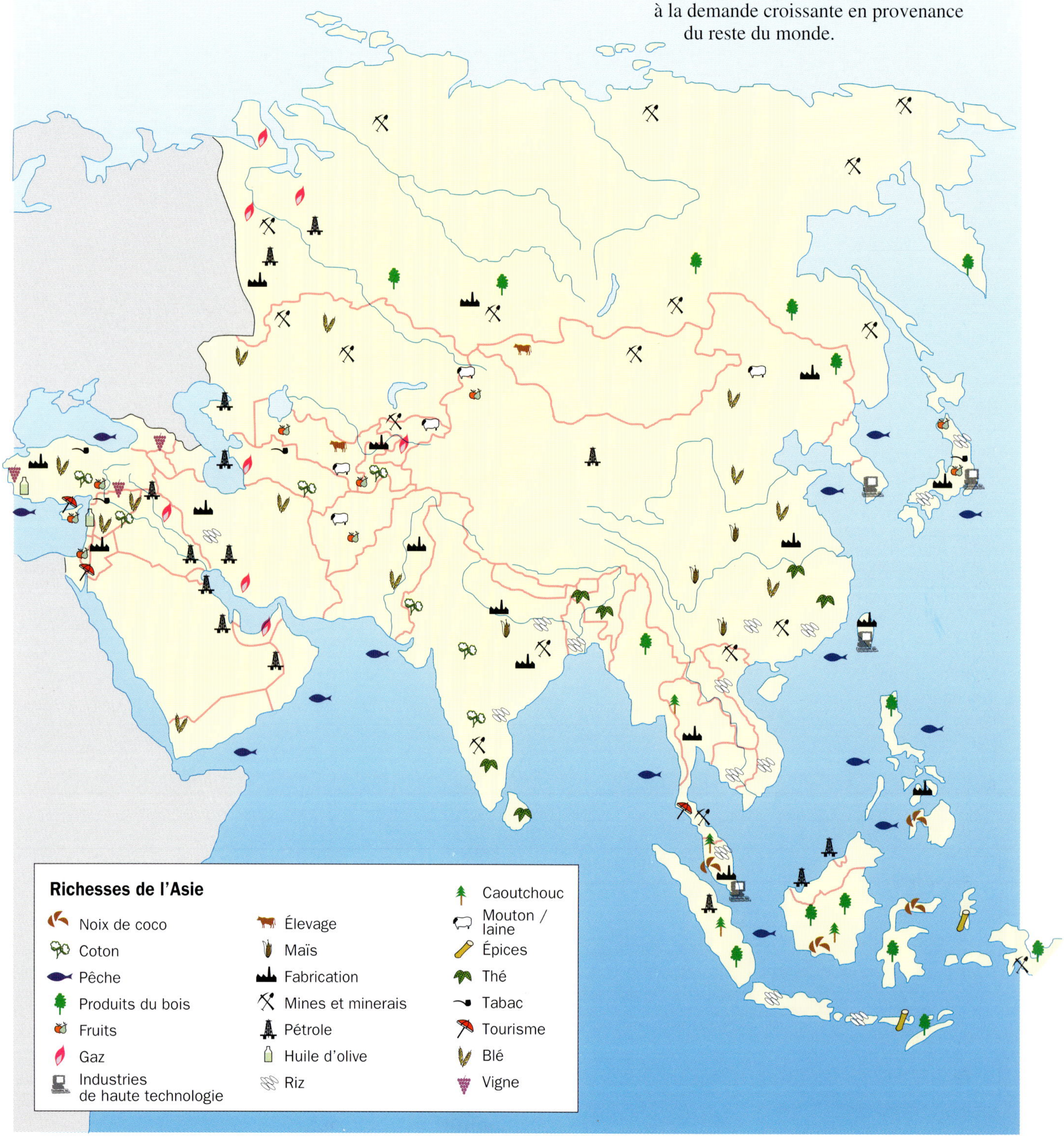

Produit national brut

Pour pouvoir comparer l'économie des différents pays, les experts calculent le produit national brut (PNB) de chaque pays en dollars américains. Le PNB est la valeur totale de tous les biens et services produits dans un pays chaque année. Le graphique circulaire de droite montre que le PNB du Japon est le plus élevé de l'Asie. En fait, il vient en seconde place mondiale après celui des États-Unis. Il est plus de quatre fois supérieur à celui de la Chine et plus de 13 fois supérieur à celui de l'Inde.

PNB des pays d'Asie (en milliards de dollars)

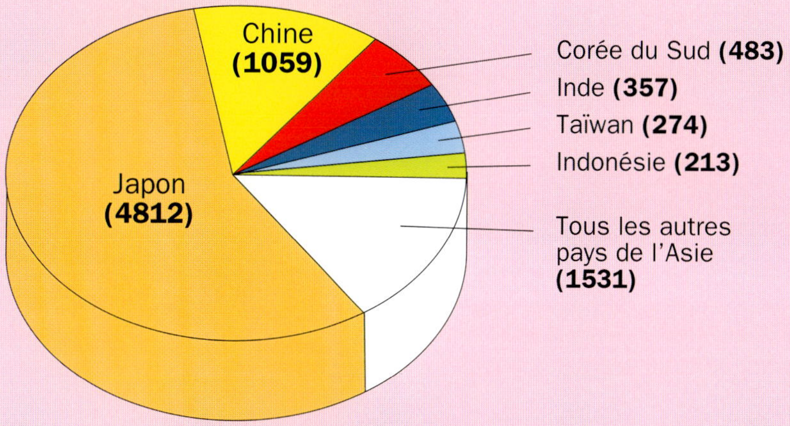

Sources d'énergie

Plusieurs des principaux pays industrialisés de l'Asie, y compris le Japon, ne disposent d'aucun gisement de pétrole, de gaz naturel ou de charbon. Il doivent importer ces carburants pour pouvoir produire l'énergie dont leurs industries ont besoin. Mais le continent asiatique ne manque pas de gisements, et l'Asie mineure constitue une région majeure pour la production de pétrole, tout comme l'Arabie saoudite, qui comprend les gisements les plus importants jamais découverts. En 1996, l'Iran et les Émirats arabes unis se classaient également parmi les dix principaux producteurs avec la Chine et la Russie. L'Indonésie, la Russie, l'Ouzbékistan et l'Arabie saoudite produisent aussi de grandes quantités de gaz naturel. La Chine domine en matière de production houillère, même si l'Inde, la Russie et le Kazakhstan sont également d'importants producteurs de charbon.

PNB *per capita*

Per capita signifie par personne, par habitant. Le PNB *per capita* s'obtient en divisant le PNB par le nombre d'habitants. Par exemple, le PBN *per capita* du Japon est le plus élevé de tout le continent asiatique, mais celui de Singapour, pays beaucoup plus petit où œuvrent de nombreuses industries, est également considérable. Les pays qui ont des PNB *per capita* peu élevés sont l'Afghanistan, le Cambodge, le Népal et le Yémen.

Sources d'énergie en Asie

- Pétrole
- Gaz
- Hydroélectricité
- Charbon
- Uranium

Politique et Histoire

La carte du monde subit d'incessantes modifications. À partir des années 1940, différents pays d'Asie ont acquis leur indépendance les uns après les autres. En 1947, l'Inde britannique a donné naissance à deux États, l'Inde et le Pakistan, qui se disputent encore aujourd'hui leurs frontières. En 1991, les États du Kazakhstan, du Kirghizistan, du Tadjikistan, du Turkménistan et de l'Ouzbékistan ont été créés à la suite du démembrement de l'Union soviétique. En 1997, Hongkong, auparavant sous tutelle britannique, a été rétrocédée à la Chine, et en 1999, les peuples du Timor oriental ont manifesté leur volonté de s'affranchir de l'Indonésie en votant en faveur de l'indépendance.

Événements importants

Les civilisations les plus anciennes que l'on connaisse ont vu le jour en Mésopotamie, dans les territoires de ce qui constitue actuellement l'Iraq. D'autres grandes civilisations se sont épanouies dans la vallée de l'Indus et dans le nord et le centre de la Chine. L'Asie est également le berceau des principales religions de la planète.

Les contacts avec l'Europe ont augmenté rapidement à partir du début du XVIe siècle, après que les Portugais eurent trouvé de nouvelles routes maritimes pour rejoindre l'Asie. Ces derniers ont été bientôt suivis de commerçants et de missionnaires espagnols, hollandais et britanniques; simultanément, la Russie étendait son influence à la Sibérie, si bien qu'au XIXe siècle, les États européens avaient colonisé la majeure partie du continent asiatique. À la fin du XIXe siècle et au début du XXe siècle, la puissance militaire du Japon a connu un grand essor, mais le pays a dû capituler, en 1945, en faveur des États-Unis, après que les deux premières bombes atomiques aient été lâchées sur Hiroshima et Nagasaki.

À la fin des années 1940, plusieurs pays asiatiques sont devenus indépendants et, en 1949, un gouvernement communiste a pris le pouvoir en Chine. L'extension du communisme a provoqué des guerres en Corée (de 1950 à 1953) et au Viêt Nam (de 1954 à 1975). Le Japon, avec l'aide des États-Unis, est redevenu l'une des principales puissances économiques de la planète. À partir des années 1970, plusieurs pays, dont Hongkong (qui fait partie de la Chine depuis 1997), la Corée du Sud, Singapour, Taïwan et la Thaïlande, sont parvenus à redresser leur économie.

Dates importantes

- 8350 Fondation de Jericho, la première ville fortifiée du monde
- 6000 Premières poteries et premiers textiles connus à Catal Hüyuk (en Turquie)
- 3500 Naissance des empires mésopotamiens en Iraq
- 3100 Premiers écrits sur des tablettes d'argile en Mésopotamie
- 2750 Ascension des civilisations de la vallée de l'Indus
- 2500 Domestication des chevaux en Asie centrale
- 1700 Civilisation Huange He et Yangtze en Chine
- 1600 Ascension de la dynastie Shang en Chine
- 720 Apogée de l'empire assyrien
- 660 Jimmu devient le premier empereur du Japon.
- 486 Mort de Siddharta Gautama, le fondateur du bouddhisme
- 300 Empire d'Alexandre le Grand
- 214 Érection de la Grande muraille de Chine
- 200 Empire Ch'in en Chine
- 30 Jésus de Nazareth, fondateur du christianisme, est crucifié à Jérusalem.
- 100 Empire Han en Chine
- 300 Empire Gupta en Chine
- 407 Début du premier empire mongol
- 625 Fondation de l'islam par le prophète Mahomet
- 700 Empire Tang en Chine
- 730 Début de l'imprimerie en Chine
- 939 Guerres civiles au Japon
- 1096 Premières croisades en Terre sainte
- 1206 Genghis Khan fait la conquête du plus grand empire de l'histoire.
- 1275 Marco Polo établit une route commerciale terrestre entre l'Europe et la Chine.
- 1368 Fondation de la dynastie Ming en Chine
- 1516 Apogée de l'empire ottoman (turque)

8000 av. J.-C. — An 1 apr. J.-C. — 1500

De nombreux empires se sont succédé en Asie. Ces centaines de statues de guerriers en terre cuite ont été découvertes près de la ville chinoise de Xi'an. Cette armée d'argile gardait le tombeau d'un empereur chinois mort il y a plus de 2 200 ans.

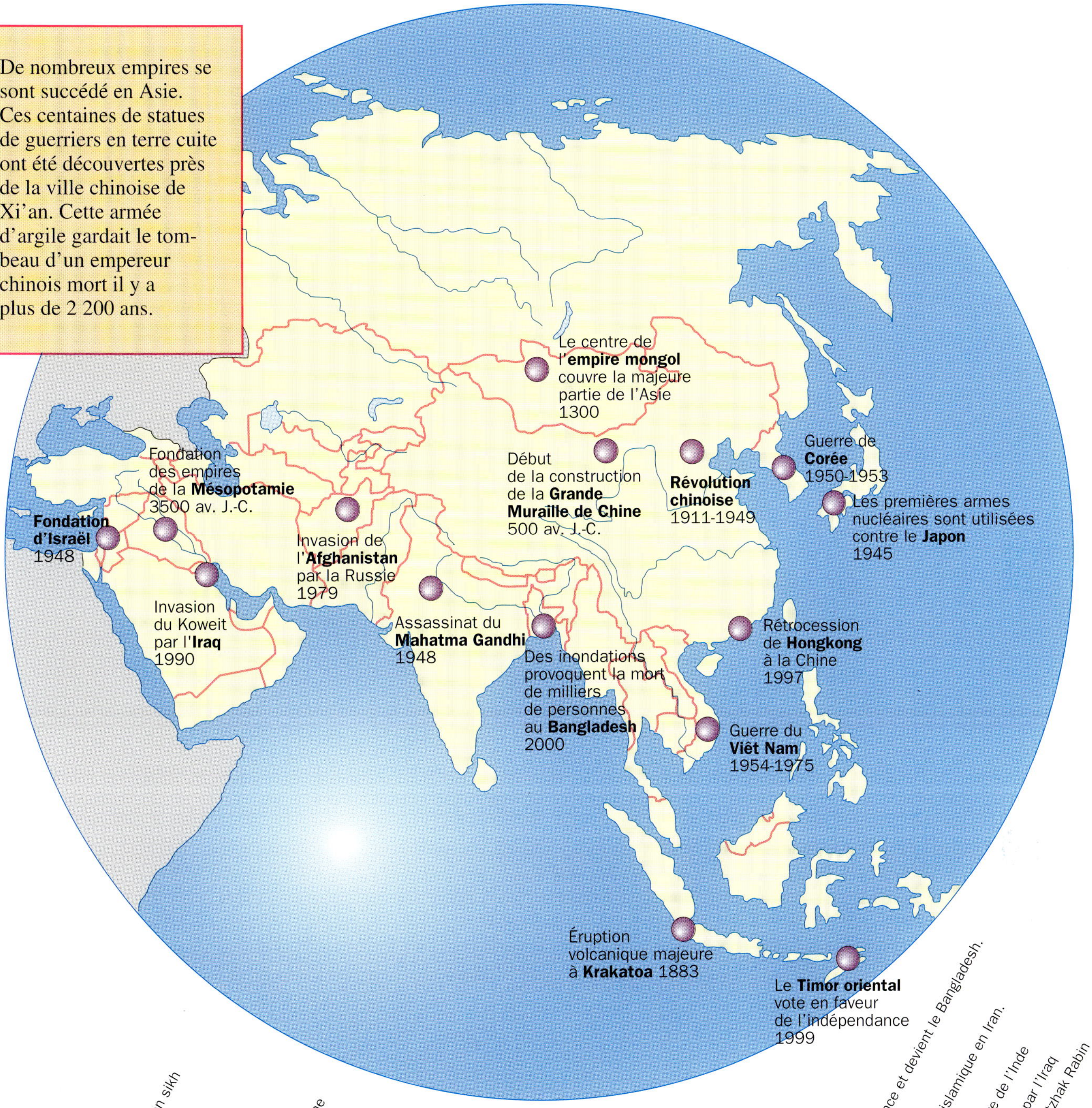

1526 Fondation de l'empire moghol en Inde
1539 Mort de Kabir Narrak, fondateur de la religion sikh
1600 Colonisation de l'Indonésie par la Hollande
1630 Le Japon s'isole du reste du monde.
1700 Empire mandchou en Chine
1747 Fondation du royaume d'Afghanistan
1757 Colonisation de l'Inde par la Grande-Bretagne
1800 Colonisation de l'Indochine par la France
1819 Fondation de Singapour
1854 Traité commercial entre le Japon et les États-Unis
1911-1949 Révolution chinoise
1917 Révolution russe
1924 La Mongolie devient communiste.
1934 Mao Zedong dirige la Longue Marche jusqu'à Shanxi.
1941 Le Japon attaque Pearl Harbor.
1945 Les premières bombes nucléaires sont lâchées sur le Japon.
1946-1949 Les communistes gagnent la guerre civile en Chine.
1947 Indépendance de l'Inde et du Pakistan
1948 Fondation de l'État juif d'Israël; assassinat du Mahatma Gandhi en Inde
1949 Indépendance de l'Indonésie
1950-1953 Guerre de Corée
1954-1975 Guerre du Viêt Nam
1957 Indépendance de la Malaisie
1971 L'est du Pakistan proclame son indépendance et devient le Bangladesh.
1975 Guerre civile au Liban
1979 La Russie envahit l'Afghanistan; révolution islamique en Iran.
1984 Assassinat d'Indira Gandhi, premier ministre de l'Inde
1990 Guerre du Golfe après l'invasion du Koweït par l'Iraq
1995 Assassinat du premier ministre israélien Yitzhak Rabin
1997 Restitution de Hongkong à la Chine
1999 Le Timor oriental vote en faveur de l'indépendance.

2000

INDEX

Les nombres en **gras** renvoient aux cartes.
Les nombres en *italique* renvoient aux figures.

A
Abadan **12**
Abashiri **25**
Abha **11**
Abu Dhabi **11**
Acajou des Philippines *34*
Achgabat **14**
Adana **9**
Adapazari **8**
Aden **11**
Afghanistan 4, **16-17**
  statistiques 16
Afyon **8**
Agra **18**
agriculture 42
  Afghanistan et Pakistan *16*
  Asie centrale 15
  Indochine 28
  Indonésie 33
  irrigation 17
  Israël **9**
  Péninsule Arabique 10
Ahmadabad **18**
Ahvaz **12**
aigle des Singes *35*, 41
Ajmer **18**
Akihito, empereur *24*
Akita **25**
Akmola, voir *Astana*
Aksu **20**
Aktaou **14**
Aktobe **14**
al-Djawf **10**
Aleppo **9**
Alexandre le Grand 12
Al-Hufuf **11**
Aligarh **18**
alimentation/cultures vivrières *4, 16, 20*
  Inde 19
  Indochine *28, 29*
  Indonésie *33*
  Japon *25*
  péninsule Arabique *11*
  Philippines 34, *35*
Al Khaburah **11**
Allahabad **19**
Almaty **15**
al-Mukalla **11**
Alor Setar **30**
Altaï, monts **7, 20-21**
Altay **20**
Altun, monts **20**
al-Wadjh **10**
Amara **12**
Amman **9**
Amou-Daria **14-15, 16-17**
Amour, fleuve **7, 21**
Amritsar **18**
Anadyr **7**
Andijan **15**
Angarsk **7**
Angeles **34**
Angkor **28**
Angkor Vat *28*
animaux *5*
  animaux sacrés 19
  Chine *20*
  espèces menacées *5, 10, 20, 41, 41*
  Indonésie *32*
  Russie et Caucase *6*
  voir également par espèces
Anju **22**
Ankara **9**
Annam, monts **29**
Anshan **21**
Antakya **9**
Antalya **8**
Aomori **25**
Aparri **34**
Apo, mont **35**
Aqaba **9**
Arabie Saoudite **4,** 10, **10-11**
  économie 11
  statistiques 10
Arabique, péninsule 10-11, **10-11**
Arabo-Persique, golfe, voir *Golfe*
Aragats, monts **6**
Arak **13**
Aral **15**
Aral, mer d' 14, **14-15,** 15
Ararat, mont **9**
Araxe, fleuve **12**
Arbil **12**
Arctique, océan **7**
Ardabil **12**
Arménie **4**, 6, **6**
  statistiques 6
artisanat *13*
Aru, îles **33**
Asad, lac **9**
Asahikawa **25**
Asanol **19**
Asie 4-5, **4-5**
  villes les plus grandes 36
  pays les plus grands 37
  statistiques 5
Asie centrale **14-15**
Asie du Sud-Est 5, 26
  voir également chaque pays
Asie mineure **8-9**
Assyrie 12, **44**
Astana 14, **15**
Atyraou **14**
Aurangabad **18**
automobile, production 25
Aydin **8**
Azerbaïdjan **4,** 5, 6, **6**
  statistiques 6

B
Babylone 12
Bacolod 35
Baghlan **17**
Bago **26**
Bahawalpur **17**
Bahreïn **4,** 10, **11**
  statistiques 10
Baïkal, lac **7**
Baïkonour **15**
Bakhtaran **12**
Bakou **6**
Bagdad **12**
Balabac, île **34**
Bali, île **32**, 32
Balikpapan **32**
Balkhach, lac **15**
Balouchistan **15**
Bam **13**
bambou 34
bananes 34
Banda, mer de **33**
Banda Aceh **32**
Bandar Abbas **13**
Bandar Seri Begawan **31**
Bandar Sri Aman **31**
Bande de Gaza **9**
Bandung **32**
Bangalore **18**
Bangka, île **32**
Bangkok 27, **27**
Bangladesh **4-5,** 26, **26**
  statistiques 26
Banjermasin **32**
Bannu **17**
Baoshan **21**
Baotou **21**
Bareilly **18**
Barisan, monts **32**
Barnaul **7**
Basilan, île **34**
Bassora **12**
Batangas **34**
Battambang **28**
bauxite 6
Bazardüzü Dag (montagne) **6**
Beersheba **9**
Beijing, voir *Pékin*
Belitung, île **32**
Bénarès **19**
Bengale, golfe du **19, 26**
Bergama **8**
Béring, mer de **7**
Beyrouth **9**
Beysehir, lac **8**
Bhagalpur **19**
Bhavnagar **18**
Bhopal **18**
Bhoutan **4,** 18, **19**
  statistiques 18
Bia (montagne) **28**
Bichkek **15**
bidonvilles *35*
Bikaner **18**
Bilaspur **19**
Bintulu **31**
blé 16, 19, **42**
bœuf, 15, 19
Bogor **32**
Bohol, île **35**
bois d'œuvre 31, 34
Bombay **18,** 36
Bornéo, île **32-33**
Bosphore **8**
bouddhisme *4, 23,* 36, 37, **37**
  moines *26*
  temples 27
Boukhara **15**
Brahmapoutre, fleuve **19**
Bratsk **7**
Brunei **5,** 30, **31**
  palais royal *31*
  statistiques 30
Buchehr **13**
Burayda **11**
Bursa **8**
Buru, île **33**
Butuan **35**

C
Ca Mau **29**
cacao 31
Cachemire 17, **17**
café 33, 34
Cagayan de Oro **35**
Cagayan, fleuve **34**
Calcutta **19**
calligraphie *25*
Caloocan **34**
Cam Ranh **29**
Cambodge **5**, 28, **28-29**
  statistiques 28
Cameron, chaîne de **30**
Can Tho 29
canne à sucre 33, *35*
caoutchouc 31, 33, **42**
Caspienne, mer 4, 6, **12-13, 14**
Catanduanes, île **35**
catholiques *34*
Caucase, voir *Russie et Caucase*
Caucase, monts 4, 6
Cebu (île) **35**
Cebu (ville) **35**
Cèdre du Liban *9*
Célèbes, île **33**
Célèbes, mer de **33**
Céram, île **33**
« cercle de feu » 7, 24, 34, 41
Ceylan, voir *Sri Lanka*
Chah Bahar **13**
Chah Djahan 19
chameaux :
  Arabie *11*
  de Bactriane *17*
Chandigarh **18**
Changchun **21**
Changsha **21**
Chao Phraya, fleuve **27**
charbon, production de 43, **43**
Chardja **11**
Charikar **17**
chars d'assaut *13*
chats siamois *27*
Cheju, île **22-23**
Chenab, rivière 17, **17**
Chengdu **21**
Chennai **18**
chèvres 16
Chiangmai **27**
Chine **4-5,** 20-21, **20-21**
  Grande Muraille *5,* **21**
  mythologie 20
  religions *4*
  séisme de Shanxi 41
  statistiques 20
Chine méridionale, mer de **21, 29, 31, 34**
Chine orientale, mer de **21**
Chiraz **13**
Chittagong **26**
Chonan **23**
Chonburi **27**
Chonglin 23
Chongqing **21**
Chonju **23**
Christianisme 4, 34, 37, **37**
  Philippines *34*
Chunchon **23**
Chymkent **15**
Chypre **4,** 8, **8-9**
  statistiques 8
Cisjordanie **9**
climat 38-39, **39**
  Indonésie 32
Cochin **18**
Coimbatore **18**
Colombo **19**
Communisme, pic du **15**
communisme, voir *Politique*
confucianisme 4
construction navale *21, 23,* 25
  « vaisseaux du désert » *11*
Corée du Nord **5,** 22-23, **22-23**
  statistiques 22
Corée du Sud **5,** 22-23, **22-23**
  capitale *22*
  économie 22,23
  statistiques 22
Coréenne, péninsule **5,** 22-23, **22-23**
Corum **9**
coton *14,* 15, **42**
cuir, produit du 13
cuivre 6
Cuttack **19**
cyclones 26

D
Da, rivière **28-29**
Da Nang **29**
Dacca **26**
Dacht-e Kavir **13**
Dacht-e Lut **13**
Dagupan **34**
Dalat **29**
Dalian **21**
Damas **9**
Dammam **11**
Dardanelles **8**
Darjeeling **19**
Datong **21**
dattes *11*
Datu Piang **35**
Davao **35**
Dawei **27**
Dayr az Zawr **9**
Deccan, plateau **18**
Dehra Dun **18**
Delhi **18,** *36*
Denizil **8**
déserts : 4
  Asie centrale 14, **14-15,** 15
  Asie mineure 8, **9**
  Chine et Mongolie **20-21**
  Inde **18**
  Iraq 12
  péninsule Arabique 10, **11,** *11*
  Syrie **9, 12**
Dezful **12**
Dhofar **11**
diamants 6
Dikson **7**
Dili **33**
Dinagat, île **35**
Dipolog **35**
Diyarbakir **9**
Djalalabad **17**
Djebel Ash Sham **11**
Djebel Ram **9**
Djebel Yibir (montagne) **11**
Djedda **10**
Doha **11**
Douchanbe **15**
Dubayy **11**
durian *29*

E
écologie **40,** 40-41
économie 5, 16, 42, **42**
  Asie centrale 14
  Asie mineure 9
  Chine 20
  Indonésie 32
  Japon 24, 25
  Malaisie et Brunei 31
  péninsule Arabique 11
  péninsule Coréenne 22, 23
  Philippines 34
  Russie et Caucase *6*
  Taïwan *21*
écriture :
  cunéiforme *4*
  japonaise *25*
Edremit **8**
Égée, mer **8**
Egridir, Lac **8**
Eilat **9**
Elaziğ **9**
Elbourz, monts **13**
Elbrous **6**
électronique 21, 25
élevage **42**
  voir aussi *bœufs, moutons*
Émirats arabes unis **4,** 10, **11**
  statistiques 10
énergie, sources d' 43, **43**
environnement, dommages causés à l' 14, 40-41
épices *33,* **42**
Erdenet **21**
Erevan **6**
Erzincan **9**
Erzurum **9**
Eskisehir **8**
étain 27, *31*
Euphrate, fleuve **9,** 12, **12**
Europe 4
Euskemen **15**
Everest (montagne) **19,** *19,* **20**

F
fabrication 5, 16, 28, 31, 34, **42**
Faisalabad **17**
Faizabad **19**
Fan Si Pan (montagne) **28**
fer, minerai de 6
Feyzabad **17**
Flores (île) **33**
Flores, mer de **33**
forêt, produits de la *34,* **42**
forêt tropicale humide 32, *34,* **38**
  destruction de la 32, 35, **40,** 40-41
frontières :
  Asie-Europe 4
  Corée du Nord Corée du Sud *23*
  frontières litigieuses **17,** 44
  Kashmir 17
  Thaïlande et Laos *29*
fruits *9, 11, 16, 29,* 42, **42**
Fuji-Yama, mont *24,* **25**
Fukuoka **24**
Fukushima **25**
Fushun **21**
Fuzhou **21**

G
Gandhi, Mohandas *19*
Gange, fleuve 18, **18-19, 26**
gaz naturel *6,* 31, 43, **43**

Gaziantep **9**
General Santos **35**
Georgetown **30**
Géorgie **4**, 5, 6, **6**
  statistiques 6
Ghats occidentaux (montagne) **18**
Ghats orientaux (montagne) **18-19**
Ghazni **17**
gingseng *23*
Goa **18**
Gobi, désert de **21**
Godavari (rivière) **18**
Golfe Persique 10, **11**, **12-13**
Gorakhpur **19**
Gorgan **13**
Grand Canal **21**
Grand Nufud **10**
Grande Muraille **21**
Guangzhou **21**
guerres : 44-45
  arabo-israélienne 8
  conflits ethniques 6, 12, 16, 17, 35
  Corée 22, 23
  Golfe 12, 13
  Iran-Iraq 12, 13
  Viêt Nam 28
Guilin **21**
Guiyang **21**
Gujranwala **17**
Gujrat **17**
Guwahati **19**
Gwadar **16**
Gwalior **18**

H
Ha Giang **29**
Hachinrohe **25**
hadj 10
Hadramaout **11**
Hadur Shuayb (montagne) **11**
Haeju **22**
Hafar **11**
Haïfa **9**
Haikou **21**
Hainan, île **21**
Haiphong **29**
Hakakabo Razi (montagne) **27**
Hakodate **25**
Halla (montagne) **23**
Halmahera, île **33**
Hamadan **12**
Hamamatsu **25**
Hamhung **23**
Han, fleuve **23**
Handan **21**
Hangzhou **21**
Hanoi **29**
Harad **11**
Harat **16**
Harbin **21**
Hari Rud **16**
haute-technologie, industrie de **42**
Hefei **21**
Hegang **21**
Helmand, fleuve **16**
Hermon (montagne) **9**
hijab 10
Hilla **12**
Himalaya, région de l' 18, **18-19**, 19, **20**
hindouisme 4, 32, 36, 37, **37**
  dieux, coutumes et croyances *19*
  temple *28*
Hindu Kuch **17**
Hiroshima **24**
histoire 44-45, **45**
  grands empires **44**
Hitachi **25**
Hô Chi Minh *29*
Hô Chi Minh-Ville **29**
Hoa Binh **29**
Hodeïda **11**
Hokkaido, île **25**
Homs **9**
Hông, fleuve **28-29**
Hongkong 20, **21**, *21*
Honshu, île **24-25**
Hotan **20**
Howrah **19**
Hsüeh Shan **21**
Huainan **21**
Huang He, fleuve **21**
Huê **29**
Hyderabad **17**, **18**
hydroélectricité **43**

I
Iablonovyï, monts **7**
Iekaterinbourg **6**
Ienïssei, fleuve **7**
îles, nombre d' :
  Indonésie 32
  Philippines 34
Iloilo **35**
Imphal **19**
Inchon **22**
Inde **4-5**, 18-19, **18-19**
  religion 4, 19
  statistiques 18
Indien, océan **18-19**, **26-27**, **32**
Indien, sous-continent 18-19, **18-19**
  voir également chaque pays
Indighirka **7**
Indochine 28, **28-29**
Indonésie **5**, 32, **32-33**
  capitale *33*
  statistiques 32
Indore **18**
Indus, fleuve **17**, *17*
inondations *26*, 39, 41, **41**
  protection contre les *29*
Intérieure, mer **24**
Inthanon (montagne) **27**
Ipoh **30**
Iran 4, 12, **12-13**
  économie 13
  statistiques 12
Iraq **4**, **12**, 12-13
  statistiques 12
Irkoutsk **7**
Irrawaddy, fleuve **26-27**
irrigation 15, 17
Irtych, rivière **6**, **15**
Iskenderun **9**
islam 4, 13, 16, 32, *36*, 37, **37**
  pèlerinage 10
  prière *16*
  vêtements féminins *10*
Islamabad **17**
Ispahan **13**
Isparta **8**
Israël **4**, 8, **9**
  économie 9
  statistiques 8
Istanbul **8**
Izmir **8**
Izmit 8, **8**

J
Jaffna **19**
Jaipur **18**
Jakarta **32**, *33*, 36
Jammu **18**
Jamnagar **18**
Jamshedpur **19**
Japon **5**, 24-25, **24-25**
  capitale *25*
  religions 4
  statistiques 24
Japon, mer du 22, **23**, **24-25**
Jaune, mer **21**, 22, **22**
Java, île de **32**
Java, mer de **32**
Jayapura **33**
Jérusalem *8*, **9**, *36*
Jezqazghan **15**
Jhelum (rivière) 17, **17**
Jilin **21**
Jinan **21**
Jinzhou **21**
Jixi **21**
Jodhpur **18**
Jogjakarta **32**
Johore Baharu **30**
Jolo, île **34**
Jordanie **4**, 8, **9**
  statistiques 8
Jourdain, fleuve **9**
juifs/judaïsme 4, *8*, 36, 37, **37**
Jullundur **18**
jute *27*

K
K2 (montagne) **17**
Kaboul (ville) **17**
Kaboul (rivière) **17**
Kachan **13**
Kachgar **20**
Kaesong **22**
Kagoshima **24**
Kalimantan **32-33**
Kamchatka, presqu'île du 7, **7**
kampongs 33
Kanazawa **25**
Kanchenjunga (montagne) **19**
Kandahar **16**
Kangnung **23**
Kanpur **18**
Kaohsiung **21**
kapok 34
Kara, mer de **7**
Karachi **17**
Karagandy **15**
Karakoum **14-15**
Karakorum, monts **17**
Karbala **12**
Kars **9**
Katmandou **19**
Kawasaki **25**
Kayseri **9**
Kazakhstan 4, 5, 14, **14-15**
  centre spatial *15*
  statistiques 14
Kazakhstan européen **14**
Kelang **30**
Keluang **30**
Kemerovo **7**
Kendari **33**
Keokradong **26**
Kerman **13**
Khabarovsk **7**
Khābūr, rivière **9**
Khaybar, passe de **17**
Khomeyni, Ayatollah *13*
Khon Kaen **27**
Khorramabad **12**
Khorramchahr **12**
Khulna **26**
Kim Il-sung *22*
Kimchaek **23**
Kinabalu (montagne) **31**
Kirghizistan 4, **15**
  statistiques 14
Kirkuk **12**
Kitakyushu **24**
Kizil, fleuve **9**
Kobe 25, **25**
Kochi **24**
Kolyma, monts **7**
Kompong Som, voir *Sihanoukville*
Komsomolsk **7**
Konya **8**
Kostanaï **15**
Kota **18**
Kota Baharu **30**
Kota Kinabalu **31**
Kozhikode **18**
Kouldja **20**
Kouriles, îles **7**
Koweït **4**, **12**, 12-13
  statistiques 12
Koweït (ville) **12**
Kra, isthme de **27**
Krakatau **32**, *33*
Krasnoïarsk **7**
Kuala Belait **31**
Kuala Lumpur **30**
  Tours Petronas *5*
Kuala Terengganu **30**
Kuantan **30**
Kuching **31**
Kudat **31**
Kugitangtau (montagne) **15**
Kula Kangri (montagne) **19**
Kumamoto **24**
Kunlun, monts **20**
Kunming **21**
Kunsan **23**
Kupang, île **33**
Kurdes *12*
Kurdistan **9**, **12**
Kurgan **6**
Kushiro **25**
Kwangju **23**
Kyoto **25**
Kyushu, île **24**
Kyzylkoum **15**

L
Lahore **17**
laine, voir *moutons*
Lalitapur **19**
Lamentations, mur des *8*, *36*
Lang Son **29**
Lanzhou **21**
Lao Cai **28**
Laoag **34**
Laos **5**, 28, **28-29**
  statistiques 28
Laptev, mer de **7**
Lashio **27**
Latakia **9**
Leh **18**
Lena, rivière **7**
Leyte, île **35**
Lhassa **20**
Liban **4**, 8, **9**
  statistiques 8
Linhai **21**
Liuzhou **21**
logement :
  Indochine *29*
  Indonésie 33
Lombok, île **32**
Luang Prabang **28**
Lucknow **18**
Ludhiana **18**
Luoyang **21**
Luzon **34-35**

M
Macao 20, **21**
Madurai **18**
Magadan **7**
Mahomet, prophète 10, 44
maïs 34, **42**
Majene **33**
Malacca, détroit de **30**
Malaisie 5, **5**, 30, **30-31**
  statistiques 30
Malang **32**
Malatya **9**
Maldives **4**, 18, **18**
  statistiques 18
Malé **18**
Mammouths de Sibérie *6*
Manado **33**
Manama **11**
Mandalay **26**
Mangalore **18**
Manille **34**, 35
Manokwari **33**
Maoke, monts **33**
Mao Zedong *20*
Maras **9**
marché flottant *27*
Marcos, Ferdinand *35*
Mardan **17**
Marmara, mer de **8**
Masan **23**
Masbate, île **35**
Mascate **11**
Masira, île **11**
Matsue **24**
Matsuyama **24**
Mayon, volcan **35**
Mawlamyine **27**
Mazar-e Charif **17**
Mechhed **13**
Mecque, la 10, **10**, 16
Medan **32**
Médine **10**
Méditerranée, mer **8-9**
Mékong, fleuve **20-21**, **28-29**, *29*
Melaka **30**
Menderes, fleuve **8**
Mentawai, îles **32**
Mergui **27**
Meron **9**
Mersin **9**
Mésopotamie 12, 44
Meerut **18**
métal/produits du métal 6, 13, 27
Mindanao, île **35**
Mindoro, île **34**
mines/minéraux **42**
  Russie 6
Mirpur Khas **17**
Miyazaki **24**
Mocha **11**
Mohenjo-Daro **17**
Moluques, mer de **33**
Mongolie **4-5**, 20, **20-21**
  nomades *21*
  statistiques 20
Morioka **25**
Morte, mer **9**
Mossoul **12**
motocyclettes *25*
mousson 39
mouton 15, 16, **42**
Multan **17**
Mumbai, voir *Bombay*
Mumtaz Mahal 19
musulmans, voir *Islam*
My Tho **29**
Myanmar **5**, 26, **26-27**
  statistiques 26
Myitkyina **27**
Mymensingh **26**
Mysore **18**

N
Nadjaf **12**
Naga **35**
Nagasaki **24**
Nagoya **25**
Nagpur **18**
Nakhon Ratchasima **27**
Nakhon Sawan **27**
Nakhon Si Thammarat **27**
Namangan **15**
Nampo **22**
Nan, rivière **27**
Nanchang **21**
Nanjing **21**
Narayanganj **26**
Narbada, fleuve **18**
Nawoiy **15**
Negros, île **35**
Néguev, désert du **9**
Népal **4**, 18, **18-19**
  statistiques 18
New Delhi **18**
Nha Trang **29**
Nicosie **9**
Niigata **25**
Ningbo **21**
Ninh Binh **29**
Nochaq (montagne) **17**
Noire, mer 4, **6**, 8, **8-9**
Noix de coco 34, **42**
Nordvik **7**
Noukous **14**
Nouvelle-Guinée **33**
Nouvelle-Sibérie, îles de la **7**
Novokouznetsk **7**
Novossibirsk **7**

O
oasis 10, 39
Ob, fleuve **6**
oiseaux :
  espèces menacées 41
  Malaisie *31*
  Philippines *35*
Okayama **24**
Okhotsk **7**
Okhotsk, mer d' **7**
olive, huile d' **42**
Olongapo **34**
Olympus, mont 9

Oman **4,** 10, **11**
statistiques 10
Oman, golfe d' **11**
Oman, mer d' **11, 16-17, 18**
Omsk **6**
Oral **14**
orang-outangs *32*, 41
Ormuz, détroit d' **11, 13**
Orsk **6**
oryx d'Arabie *10*
Osaka **25**
Osmaniye **9**
Oulan-Bator **21**
Oulan-Oude **7**
Our 12, **12**
Oural, fleuve 4, **6, 14**
Oural, monts 4, 6, **6**
Ourmia, lac d' **12**
Ouroumtsi **20**
Ouzbékistan **4, 14-15**
statistiques 14

P
Pacifique, océan **24-25, 34-35**
Padang **32**
Paektu, mont **23**
Pagadian **35**
Pakanbaru **32**
Pakistan 4, 16-17, **16-17**
économie 16
statistiques 16
Pakistan oriental 26
Paksé **29**
Palawan, île **34**
Palembang **32**
Palestine 8
palme, huile de *31*, 33
Palmyre (« Cité des palmiers ») **9**
Palu 33
Pamir, monts **15**
Panay **34-35**
panda géant *20*, 41
Panjab **17**
Papouasie occidentale **33**
Pathein **26**
Patna **19**
pauvreté 5, *35*, 44
Pavlodar **15**
pêche 15, *25*, **42**
Pékin **21**
Persépolis 12, **13**
Persique, golfe **11, 13**
Peshawar **17**
Pétra **9**, *9*
pétrole, industrie du **42, 43**
Brunei et Malaisie *31*
Koweït *13*
péninsule Arabique 10, *11*
Russie et Caucase *6*
Petronas, tours *5*
Petropavl **15**
Petropavlovsk-Kamchatski **7**
Petropavl **15**
Philippines **5,** 34, **34-35**
statistiques 34
Phnom Penh **29**
phosphates 6
Phuket, île **27**
Pidurutalagala (montagne) **19**
pierres précieuses *27*
Ping, rivière **27**
plantes :
Asie mineure *9*
Bangladesh *27*
espèces menacées 41
péninsule arabique *11*
voir également *forêt tropicale humide*
Pobedy, pic **15**
politique 44
communisme 4, 6, 14, 20, 21, 22, 23, 28, 29, 44
pollution **40,** 40-41
Guerre du Golfe 13
Pontianak **32**
population 4, 5, **36,** 36-37
Chine 20
effets sur l'environnement **40,** 40-41
Inde 18
poterie 13
précipitations 39, **39**
produit national brut 43
per capita 43
Prome **26**
Puerto Princesa **34**
Puncak Java (montagne) **33**
Pune **18**
Pusan **23**
Putao **27**
Pyongyang **22**

Q
Qatar **4,** 10, **11**
statistiques 10
Qingdao **21**
Qiqihar **21**
Qom **13**
Quang Tri **29**
Quartier vide, voir *Rub'al-Khali*
Quetta **17**
Quezon City **34**
Qui Nhon **29**
Qurnat al-Sawda **9**

R
Rach Gia **29**
Raipur **19**
Rajang, fleuve **31**
Rajkot **18**
Rajshahi **26**
Ramadi **12**
Ranchi **19**
Rangoon **26**
Ravi, rivière **17**
Rawalpindi **17**
Ray **13**
Recht **12**
Registan, désert du **16**
religions *4, 8, 23*, 36, 37, *37*
conflits religieux 6
rhinocéros *41*
Riyad **11**
riz *4*, 19, *20, 28*, 31, *33*, 34, 40, 42, **42**
principaux producteurs 4
Rocher du Dôme *36*
Rouge, mer 10, **10**
Rub'al-Khali 11, **11**
Russie **7**
Russie et Caucase **4-5,** 5, 6, **6-7**
statistiques 6

S
Sabah **31**
Saidpur **26**
Saïan, monts **7**
Saïsan, lac **15**
Sakai **25**
Sakalin **7**
Sakata **25**
Salala **11**
Salem **18**
Salouen **27**
Samar, île **35**
Samarinda **32**
Samarkand 15, **15**
Samsun **9**
San Pablo **34**
Sanaa **11**
Sandakan **31**
Sangihe, îles **33**
santé, produits de 23
Sapporo **25**
Sarawak **31**
Sargodha **17**
Savannakhet **29**
sécheresse 16, 39
Semarang **32**
Semeï **15**
Sendai **25**
Séoul *22*, **23,** 36
Seremban **30**
service militaire 13
Severnaïa Zemlia (îles) **7**
Seyhan, fleuve **9**
Shanghai **21,** 36
Shantou **21**
Shenyang **21**
Shijiazhuang **21**
Shikarpur **17**
Shikoku, île **24**
Shinto 4
Shkhara, mont **6**
Sholapur **18**
Sialkot **17**
Siargao, île **35**
Sibérie 6, **6-7**
Sibérie centrale, plateau de **7**
Sibérie occidentale, plaine de **6-7**
Sibérie orientale, mer de **7**
Sibu **31**
Sihanoukville **29**
Singapour **5,** 30, **30**
statistiques 30
Singapour (ville) **30**
Sintang **32**
Sinuiju **22**
Sisophon **28**
Sittwe **26**
Sivas **9**
Songkhla **27**
Sour (anc. Tyr) **9**
Sourgout **6**
sports 24
Sri Lanka **4,**18, **18-19**
statistiques 18
Srinagar **18**
Staline, Joseph *6*
Stanovoï, monts **7**
steppes 14
Stung Treng **29**
Sukkur **17**
Sulu, mer de **34**
Sumatra, île **32**
Sumba, île **33**
Sumbawa, île **32**
sumérien, peuple 4, 12
temples *12*
sumo *24*
Surabaya **32**
Surakarta **32**
Surat **18**
Surat Thani **27**
Sutlej (rivière) 17, **17**
Syr-Daria **15**
Syrie **4,** 8, **9**
Statistiques 8
Syrie, désert de **9, 12**

T
tabac 34, **42**
Tabriz **12**
Tabuk **10**
Tachkent **15**
Tacloban **35**
Tadjikistan **4, 15**
statistiques 14
Taedong, fleuve **22**
Taegu **23**
Taejon **23**
Tâh Ninh **29**
Ta'if **10**
Taipei **21**
Taïwan **5,** 20, **21**
industrie *21*
statistiques *20*
Taiyuan **21**
Ta'izz **11**
Taj Mahal *19*
Talaud, îles **33**
Taliban 16
Talkla-Makan, désert de **20**
Tangshan **21**
Tanjung karang **32**
taoïsme 4
tapis persans 13
Tarlac **34**
Tarsus **9**
Taurus, monts **9**
Tawau **31**
Tawi-Tawi **34**
taxis *35*
taxibus *35*
Tbilissi **6**
tchador *10*
Tcheliabinsk **6**
Tchita **7**
technologie informatique *22, 27*
Téhéran 13, **13**
Tel-Aviv-Jaffa **9**
températures 39, **39**
tempêtes tropicales 26, 41, **41**
Teneri (montagne) **15**
« terre entre les fleuves », voir *Mésopotamie*
Thaïlande **5,** 26, **27**
capitale 27
statistiques 26
Thaïlande, golfe de **27, 28-29**
Thar, désert de **18**
thé *19*, 33, **42**
Thiruvananthapuram **18**
Thonburi **27**
Tian Shan **20**
Tianjin **21**
Tibet, plateau du **20**
Tigre **9,** 12, **12**
tigres *5*, 41
Timor 32
Timor oriental 32, **33**
Timur Lang, émir 15
Tiruchirapalli **18**
Tirunelveli **18**
Tokushima **24**
Tokyo **25,** *25*, 36
Tomsk **7**
Tonlé Sap, lac **28**
tourisme *32*, 42
Trabzon **9**
Transcaucasie 6
transport :
chameaux *11*
Philippines *35*
Russie *7*
transsibérien *7*
tremblements de terre *7, 8*, 24, *25*, 34, 41, **41**
Tripoli **9**
Troie **8**
tsunami 33
Turkmenbachy **14**
Turkménistan **4, 14-15**
statistiques 14
Turquie **4,** 5, 8, **8-9**
statistiques 8
Tu Shan (montagne) **21**
Tuz, lac **9**
Tyr, voir *Sour*

U
Ubon Ratchathani **27**
Udon Thani **27**
Ujjain **18**
Ujungpandang **33**
Ulsan **23**
Union Soviétique 6, 14
uranium **43**
Urfa **9**
utilisation du sol *38*

V
Vadodara **18**
Van **9**
Van, lac de **9**
végétation 38, **38**
Indonésie 32
Philippines *34*
Veranasi, voir *Bénarès*
Verkhoïansk, monts **7**
verrerie 16
vers à soie *24*
Vientiane **28**
Viêt Nam **5,** 28, **28-29**
statistiques 28
Vijayavada **19**
vigne **42**
Vinh **29**
Vishakhapatnam **19**
Vladivostok **7**
Volcans 7, 24, *24*, **25,** 32, *33*, 34, **35,** 41, **41**

W
Wakayama **25**
Wakkanai **25**
Waigeo, île **33**
Warangal **18**
Wetar, île **33**
Wonju **23**
Wonsan **23**
Wrangel, île de **7**
Wuhan **21**

X
Xi'an **21**
armée de terre cuite *44*
Xi Jiang, fleuve **21**

Y
Yakoutsk **7**
Yamagata **25**
Yanbu **10**
Yangzi Jiang, fleuve **21**
Yémen **4, 10, 11**
statistiques 10
Yezd **13**
Yining, voir *Kouldja*
Yokohama **25**
Yosu **23**
yourtes *21*

Z
Zabid **11**
Zagros, monts **12**
Zahedan **13**
Zamboanga **34**
Zandjan **12**
Zarqa **9**
Zhaotong **21**
Zhengzhou **21**
Zibo **21**
ziggourat *12*
Zonguldak **8**

Références des illustrations

Photographies: David Scott 26,42

The Hutchison Library 8, 13, 15, 17, 21, 22, 23, 34, 35, 36